穿透中国债务

公共产品经济学逻辑

郑志军　李吉平◎著

中信出版集团 · 北京

图书在版编目（CIP）数据

穿透中国债务：公共产品经济学逻辑／郑志军，李
吉平著. —— 北京：中信出版社，2018.9
ISBN 978-7-5086-9389-7

Ⅰ. ①穿… Ⅱ. ①郑… ②李… Ⅲ. ①地方财政 – 债
务管理 – 研究 – 中国 Ⅳ. ①F812.7

中国版本图书馆 CIP 数据核字（2018）第 196795 号

穿透中国债务：公共产品经济学逻辑

著　　者：郑志军　李吉平
出版发行：中信出版集团股份有限公司
　　　　　（北京市朝阳区惠新东街甲 4 号富盛大厦 2 座　邮编　100029）
承 印 者：北京诚信伟业印刷有限公司

开　　本：787mm ×1092mm　1/16　　印　张：10.5　字　数：90 千字
版　　次：2018 年 9 月第 1 版　　　　印　次：2018 年 9 月第 1 次印刷
广告经营许可证：京朝工商广字第 8087 号
书　　号：ISBN 978 – 7 – 5086 – 9389 – 7
定　　价：55.00 元

目 录

序 言 / *003*

写在前面的话 / *007*

公共债务拆弹方法学

　　一、传统公共经济学的理论误区 / 003

　　二、公共产品的本质 / 014

　　三、公共产品的属性 / 044

　　四、公共产品供给恒等式及案例分析 / 053

解码地方政府性债务

　　一、公共基础设施的经济循环 / 077

　　二、供给体系的测算与评估 / 084

　　三、债务之因 / 104

债务杠杆拆除路线图

一、一对孪生债务 ／121

二、拆除路线图 ／126

三、化解地方政府性债务的金融服务 ／132

四、公益性基础设施资产证券化路径探索 ／136

后 记 ／139

参考文献 ／143

独具匠心的公共产品供给理论的崭新架构

随着改革发展不断深入，经济社会深层问题日益显现，也激发了人们对深层问题多视角探究的兴趣。但是，现存的探讨大多从评判角度来研究问题，对成因的深度思考尚显薄弱，评价批判远多于建设性意见。

《穿透中国债务：公共产品经济学逻辑》的出版，直面社会症结，深究底层根源，探寻对症良方，用科学务实的学术态度提供了一个可借鉴的科研范例。

郑志军先生、李吉平先生二人合作研究的课题，针对我国公共产品与公共服务领域的现实问题，从多层面和多角度，进行了新颖的机理性分析，突破了公共产品领域的惯性思维和理论架构，系统地勾画了一套原创性的公共产品供给理论。

限于篇幅，本书虽然对公共产品的基本机理及其供给过程仅做了框架性的描述，但也给读者展示了其基本理论进一步延展和应用的广阔前景。

在参加本书初稿讨论时，我和几位学者不约而同地认为，此书提出的分析构架和研究视角，对系统、全面地理解我国公共产品的供给，客观地解剖现存的症结，具有十分宝贵的思想价值。作者抛开以往关于政府与市场关系的种种争论，对中国社会主义特色机制的一个重要领域，从理论和实践两个方面，给出了全新的释读。

党的十九大报告明确指出：我国社会主要矛盾已经转化为人民日益增长的美好生活需要和不平衡不充分的发展之间的矛盾。随着社会的发展进步，在人民生活需要品的构成中，公共产品与公共服务的份额越来越大，我国已经进入了由私人产品生产能力管理为主，向公共产品生产能力管理份额逐步加大转型的阶段。因此，面对规模化的公共需求，建立科学的公共产品供给机制，是关乎解决我国新阶段社会主要矛盾的战略性举措。

化解政府在组织公共基础设施建设和提供人民生活与居住房屋过程中，所积压的规模化债务和形成的债务杠杆，是2018年政府经济工作的重点任务之一。公共基础设施的完备和人民的安居乐业，都具有公共产品的属性。地方政府性债务和房地产债务两大领域的杠杆居高不下，本质上反映了公共产品供给机制、供给能力和现实需求间的潜在矛盾。本书的公共产品经济学逻辑，系统地揭示了公共债务与杠杆的成因，给出了一套全面简明、科学合理的认识方法，是认识和改造现实重大问题的一把钥匙。

中国经济信息网（以下简称"中经网"）是国家信息中心在 20 多年前创立的，是为各级经济决策部门提供我国经济和社会发展信息的一个专业机构。中经网高度关注国民经济发展，对过程中存在的像公共产品供给引起的系统性债务这样的重大经济问题，专门联合社会各界专家学者，设立了中经网研究院。郑志军先生作为中经网研究院公共产品研究室的主任研究员，李吉平先生作为国家开发银行的多年领导，在各自从事基础设施建设和公共服务支持的长期实践基础上，切身感受，认真总结，潜心研究，打造了这部研究成果。这部关于政府公共产品的系统性的学术著作，可以说饱含智慧、独具匠心、求真务实，为社会公众深入认识公共产品供给这一社会现实问题，为科学工作者寻找解决问题的答案，铺垫了完整的架构，提供了有益的启发。

最后，我衷心地期待本书的出版，也荣幸地把它推荐给广大读者，这本书值得大家认真一读！

李　凯

中国经济信息网董事长

2018 年 7 月于北京

写在前面的话

解构公共债务密码
开启稳定去杠杆之路

2018 年 7 月 2 日，新一届国务院金融稳定发展委员会成立并召开会议，研究部署打好防范化解重大风险攻坚战等相关工作。会议研究了推进金融改革开放、保持货币政策稳健中性、维护金融市场流动性合理充裕、把握好监管工作的节奏和力度、发挥好市场机制在资源配置中的决定性作用等重点工作。

2018 年是不平静、煎熬、有新的变数的一年，外部需要应对美国发起的贸易战，内部遭受债务"拆弹"、去除杠杆的煎熬，地方政府性债务、房地产债务、上市公司债务、民间债务，每天都在目睹不同形式的"灰飞烟灭"。

习近平总书记在党的十九大报告中指出，坚决破除一切不合时宜的思想观念和体制机制弊端，突破利益固化的藩篱，吸收人类文明有益成果，构建系统完备、科学规范、运行有效的制度体系，充分发挥我国社会主义制度优越性。

我们不仅要去除杠杆、化解债务，更重要的是要在稳定发展的同时推动深层次的变革。所有的方法如果不能达到量化层面，那就成为不了科学。如何拆除我国地方政府性债务和房地产债务，需要对我们的债务，特别是公共领域的债务进行量化解析，开启稳定去杠杆之路。

这本书解析了中国地方政府性债务和房地产债务的生存原理和化解逻辑，从公共产品经济学逻辑出发，让我们穿透并认识在基础生存、公共安全、公共教育、公共医疗、公共生活、基础设施、公共信息、资产增值等领域的困惑和问题。

超级债务化时代的解码算法

资本借助互联网的链接力，在各个领域渗透的深度、广度和效率达到了前所未有的程度；资本成为时代发动机，现代社会进入了超级资本化时代。一旦资产和资本匹配失衡，资本就会转化为债务，超级资本化时代就成了超级债务化时代。现在被超级债务化的不仅是市场主体，还有以公共财政为特征的政府主体。超级资本化时代让所有人都紧盯着利润、偷袭着机会、竞技着速度、比拼着规模，超级债务化时代则让竞争和风险陷入无序化和规模化，这成为我们面临的最大挑战之一。

由于基础设施、住房等公共产品能够体现需求、承载价格和价值、承载公共信用的流动，因此公共产品就具有等价物属性。黄金在现实中只是法律意义的一般等价物。相较于黄金，公共产品能够更为便利地流通和保值增值，因此公共产品的实际价值超越黄金，成为增值等价物，公共产品是现代社会个人财富和公共财富积累和增长的源头。

公共产品的资产和消费价格波动对于社会经济的影响具有广泛性。特别是在社会经济体系高度市场化、金融化之后，公共产品作为社会的基础需求产品，其资产属性和公共消费属性容易形成规模化市场效应和财富效应，同时也更容易被杠杆化和债务化。

我国20世纪对住房进行了完全的商品化，住房的价格由成本导向转变为需求导向，由此住房的资产属性和公共消费属性被市场攫取和控制。住房从公共产品完全演变为商品，再由商品演变为投资品，其资产价格被金融市场多层次杠杆化，消费价格被严重泡沫化，并带来一系列的社会风险和金融风险。由于多年来土地财政也参与其中，牵一发而动全身，所以房地产成了关不回去的风险"魔兽"。近些年，公共基础设施稳定的资产价格被金融市场看中，中短期的资本通过各种方式涌入，短短几年时间里，就积累了相当规模的地方政府性债务和金融风险。

公共产品是资本流通的主要通道和阀门，既能吸纳货币也能释放货币，既能吸收风险也能释放风险，既是引发金融危机的基础载体，也是超级债务化时代之锚。如果我们盲目地抑制债务或剪错引线，就会被炸得粉身碎骨。相反，如果能够精准设计，系统地规划和管理公共产品的资本属性，找到其成因和拆解方法，我们不仅能够拆除债务，还能够将债务资产转化为保持个人财富、公共财富和金融稳定的市场之锚。

目前，我们在拆除债务和降低杠杆的策略上首先需要适应超级资本化社会中信息流、资金流、资产流的流速和规模，其次应该系统思考经济体制的系统性缺陷，最后应该研究如何建立新经济体系。在复杂多变的环境中，只有建立多维敏捷的算法机制，才能在应对超级信息流、资金流、资产流时做出快速的反应，并进行管理和控制。这是我们面向未来高质量发展的关键。

公共政策的制定需要基于多维敏捷弹性的算法结构，在建立准确的概念、路径、边界和限制点的基础上，清晰描述其范围和代表性的数据特征；清楚达成目标、实现概念所需要的逻辑和步骤，以此构成走向未来的公共政策路标，最终实现对信息流、资金流、资产流的实时管理和调控，推动各个领域的高质量发展。

我国财政政策陷入进退两难的困境

人类社会组织的进化需要民众把一部分能力、资源和财富交给国家，换取共同所需的公共产品和公共服务，公共需求的实现是国家和政府存在的伦理前提和法律前提。国家诞生的基础是公共利益的实现和维护，税收的起源不是法定的义务，而是百姓对公共利益的委托。但是一直以来国家治理的理论研究和实践，并没有专注于这个国家存在的基本准则，人类社会没有用心构建以公共产品和公共服务为核心的国家治理体系和治理能力的现代化。

近期，中国人民银行与财政部的去杠杆政策论战备受瞩目，其实这场论战背后是我国财政政策陷入了进退两难的境地。公共财政是全民化的、规模最大的理财产品，却陷入刚性兑付和借新还旧的资金池错配困境中。

公共产品不是由公共权力凭空创造的，而是由人民群众提供的资金、资产或资源形成的社会供给能力。公众通过纳税的社会供给能力形成公共财政，服务于公共产品、公共服务等公共资产的供给，以社会供给能力为基础的公共财政与公共产品、公共服务提供机制的匹配性、独立性和市场性越强，财政政策就越有效、越稳定。

包括我国在内的世界各国，其实都没有建立与公共产品、公共服务及公共财政匹配化、独立化、透明化的机制。民众和政府理所当然地认为公共权力能够实现公共需求。政府必须刚性兑付民众所需的公共产品，并热衷于按"表象公平"的方式进行公共财政的各种兑付，这些成为政府与民众意识里的错觉。公众更大程度上愿意追求"表象公平"，希望政府提供更多的养老保险金、免费医疗，更长周期的义务教育，投入更多的公共基础设施，等等，政府则运用公共财政讨好民众。公共财政的滥用与公共产品的刚性兑付使公共政策被短期目标所绑架，政策制定被问题导向化，政策目标被短期化，公共资产配置与公共财政能力长期失衡。

中国的财政政策被基础公共资产的错配机制裹挟，锁定在"公共产品刚性兑付"的财政资金池和"以收定支"的短期循环里，陷入错配循环，同时导致"收"与收、"支"与支的本相脱离，地方政府的财政管理脱离目标导向，走向救急式管理，"以收定支"的周期越来越短。

刚性兑付和"表象公平"不仅造成各类公共产品的社会供给能力和生产供给边界无法得到精确的识别和界定，公共产品也无法形成合理的定价结构；而且政府引导作用和市场化配置作用之间的边界无法识别，公共产品无法形成有效的市场配置结构。所以很多财政观点、金融理论看似宏观与合理，但事实上已经脱离基础。大家往往以从缺乏公共产品与公共财政合理配置的旧制度、旧机制上产生的理论来多次进行自我论证和逻辑修饰，并误以为接近了真实的理论。

世界上大多数国家都是如此，对公共产品的供给体系和供给能力的管理既原始又糟糕。虽然社会在不断进步，信息在不断更新，但是基于公共价值事务管理领域的进步却是缓慢而落后的。各国政府提供公共产品的能力，得益于整体经济的客观增长水平和某届政府首脑任职期间的执政能力所形成的"运气"。去杠杆不应该是"一抓就死"的运动式，稳杠杆也不应该是"一放就乱"的放水式。应当建立独立、透明、有效、合理的公共财政与公共产品、公共服务供给体系，建立公共产品资产与公共财政资金一一对应的机制，建立公共产品周期与公共财政周期一一对应的机制，这才是去杠杆、稳杠杆的基石，也是构建社会高质量可持续发展、走向国家治理体系和治理能力现代化的基础。

德国多特蒙德工业大学经济政策新闻学教授亨里克·穆勒（Henrik Muller）在《明镜周刊》（*Der Spiegel*）的一篇文章中说："我们正走向一个'公共产品'和'外部效应'无所不在的世界，国家的作用将越来越突出。因此，国家需要全面重新考虑用什么样的组织机制来实现需求与收益的有效和公平。"国家治理体系和治理能力现代化建设的一个至关重要的方面，是基于对公共产品供给体系和供给能力更为科学、透明的管理，推动以公共产品为载体的公共利益的可持续发展，打破公共产品刚性兑付的信仰，推动民众个人责任意识与公共责任意识的进步，不断形成并强化民众个人责任意识和公共责任意识，塑造国家的原力。

地方政府性债务和房地产债务关乎国家的稳定与安全，而公共产品和公共服务供给体系的合理与稳定是国家安全的核心与基础。因此，我们不仅要拆除地方政府性债务和房地产债务的杠杆，还要建立科学合理的公共产品与公共服务供给体系。

温暖的公共产品之路

我国改革开放的成就举世瞩目，公共产品的丰富程度超越了历史最高水平，公共产品的总量为世界之最。但是，大众和媒体却充满了焦虑、迷茫、怀疑、怨气，甚至愤怒，抱怨食品的污染、教育的低效、医疗的缺失、住房的昂贵、财富的不均、资产的贬值等，政府官员则为此忙碌于各类公共需求的刚性兑付。中国众多的人口、多层次的经济环境和公共财政体系，使我们的公共需求和公共产品供给一直处在供需紧张的临界点，这个临界点的紧张映射到几乎每一个人身上，迷惘和焦虑来自我们日益增长的美好生活需求与供给体系不合理、不科学之间的矛盾。

公共产品和公共服务的供给体系，代表着一个国家制度的秩序和温度，代表着国家治理的灵魂，代表着我们会塑造出怎样的民族灵魂。我们国家已取得的成就如此显著，但是制度和成就的公共温暖度还没有很好地体现出来，我们需要在基础生存、安全、教育、医疗、生活、基础设施、信息、资源、资产增值等公共产品领域建立更合理的秩序、更明确的规则、更安全的可持续性，塑造公共产品供给体系的安全感、秩序感、从容感和温暖感。

从2017年开始，我和我的研究伙伴国家开发银行前副行长李吉平先生等专家组成课题组，深入对"习近平新时代国家治理体系和治理能力"的研究，并在以下三个领域重新构筑行业的概念和内涵，重新梳理边界和路径逻辑，希望可以为相关公共政策制定提供一种全新的算法结构和策略逻辑，构建更加清晰、透明、高效、温暖的国家治理体系。

首先，通过《穿透中国债务：公共产品经济学逻辑》一书，重构了公共产品经济学逻辑，以发展的视角阐述了公共产品的定义，建立了公共产品供给体系、社会供给能力的要素和结构，并引入算法模型，为解决地方政府公共基础设施债务、房地产债务等公共产品的问题提供了清晰、透明、高效、温暖的全新视角，形成了解决公共产品科学供给和风险防范制度的机制，并将在此理论和实践推动下陆续推出基础生存、公共教育、公共医疗、公共基础设施等领域的专项研究和著作。

其次，在自然资源和环境资源利用和保护方面，我国投入了大规模的公共财政资金，但是并未找到该领域经济性的测算方法，为此我们正在撰写的《平衡类资源的定价与交易——自然资源和环境资源的经济学逻辑》一书，将自然资源和环境资源从环境学领域引入经济学领域，运用定价公式和算法模型进行价格化市场体系设计，把资源的保护与社会经济的发展融为一体，构成会计学角度的自然资源和环境资源资产负债表，从经济学的视角推动社会生产、生活资源消耗相互平衡的市场化保护和合理利用的实现。

最后，第三阶段是推进社会脱离贫困制度机制领域的研究。我国现行的体制和多区域、多层次分布的众多人口，使经济失衡和人口贫困成为一种必然。"授人以鱼"不可能完成扶贫，"授人以渔"的经验也仅限于局部，扶贫需要体制、机制和社会治理模式的整体重塑。《走向共同富裕——农村集体和城镇中小型组织重塑》是我们研究的第三个领域，目标是对目前的攻坚扶贫方式进行系统化重塑，上升至中国农村和城镇共同富裕，以及集体所有制的创新设计，通过软件系统化重新定义和优化农村基层组织的资本关系、生产关系、劳动成果和分配机制，实现农村生产关系、生产力的变革与社会财富更合理、更公平的共享。

多方支持力量才成就了本书，感谢他们在探索、研究、实践过程中给予我们的建议和指导。特别感谢国家审计署、国家财政部、国家发展改革委的多位领导、专家；同时感谢贵州省政府、贵州省财政厅、贵州省审计厅、遵义市政府、毕节市政府、铜仁市政府、黔南布依族苗族自治州政府、安顺市政府、德阳市政府、攀枝花市政府、达州市政府、普洱市政府、大理白族自治州政府、和田市政府等为本书的研究提供了基础数据和实践试点。

希望通过上述三个方向的研究与探索，使我们的研究小组和试点实践城市成为社会建设规律的积极发现者，希望通过我们的努力，能够让祖国和同胞们的灵魂更温暖。不忘初心，方得始终！本书为公共产品供给体系提供了更为系统的逻辑框架，且视角延伸是多维的、动态的，期望本书的思维起到抛砖引玉的作用。望相关学者、专家给予批评和建议。

郑志军

2018 年 7 月 19 日于深圳

公共债务拆弹方法学

一、传统公共经济学的理论误区

不是每一条路，走的人多了就能成为路；有些河也不是摸着石头就能过去的。依靠错误的或残缺不全的路标去指引是永远到不了罗马的。传统公共经济学理论对公共产品缺乏科学的研究，只留下了一些残缺不全或者错误的路标，导致目前各国政府公共产品的政府职能设置、供给体系管理、供给能力管理普遍存在弊端。

（一）传统公共经济学理论的公共产品定义脱离本质

传统公共经济学理论将社会产品分为公共产品（public goods）和私人产品，公共产品是私人产品的对称，是指具有消费或使用上的非竞争性和受益上的非排他性的产品。按照萨缪尔森（Samuelson）在《公共支出的纯理论》（*The Pure Theory of Public Expenditure*）中的定义，纯粹的公共产品具有三个显著的特征：每个人消费这种产品或劳务不会导致他人对该种产品或劳务消费的减少，效用具有不可分割性；一些人对这一产品的消费不会影响另一些人对它的消费，具有非竞争性；某些人对这一产品的利用，不会排斥另一些人对它的利用，具有非排他性。公共产品一般由政府或社会团体提供。

由此可以看出，传统公共经济学理论的公共产品是一个静态的定义，以其"效用的不可分割性""消费的非竞争性""消费的非排他性"作为特征进行表述。这造成大众普遍认为，公共产品仅仅包括交通、电力、能源等公共基础设施，把公共基础设施看成静态的物化功能产品。

在理论体系上，"定义"是指对概念的内涵或语词的意义所做的简要而准确的描述，最为重要的是，能够对事物的明确价值做出描述，覆盖事物的本质特征。公共产品的核心价值是实现民众的公共需求，这是公共产品概念的核心内涵，也是其本质特征。传统公共经济学总结公共产品的特征为"效用的不可分割性""消费的非竞争性""消费的非排他性"，以上均属于外部特征，而不是本质特征，因此这是一个片面的，甚至是错误的定义。公共产品的定义应该准确覆盖"对民众的公共需求的实现"这一内涵。

公民在社会中有基本温饱、医疗、救助等生存性需求，随着社会的发展和进步，他们的公共需求上升为教育、能力、个人价值实现等发展性需求；当社会进入资本化阶段，大众对资产、交易、金融等资产性产品或服务的需求越来越强烈。公民的基础权益包括公民的生存权、公民的发展权、公民的资产权，以此对应把公共产品进行了分类（见图1.1）。

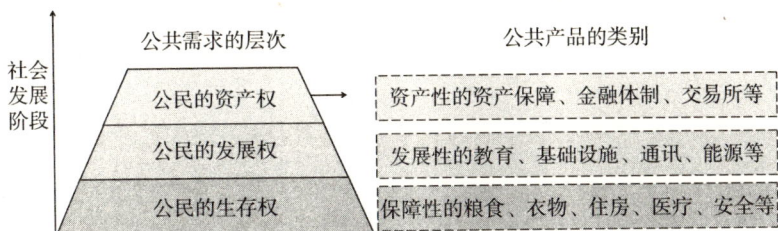

图1.1 公共需求的层次与公共产品的类别

民众的公共需求会随着社会的变化而变化，因此公共产品的范畴会随着社会的不同发展阶段而变化。

在国家食物短缺时期，粮食可能会成为公共产品，百姓生产的粮食由政府统筹收集，粮食消费由政府进行统一分配和调剂；国家度过了食品短缺时期，粮食则可以被全面地私人商品化，不再作为公共产品。但是如果再次出现食物短缺，粮食又会回归到公共产品的属性。例如，近些年的委内瑞拉，特定时期内，食品应该成为政府对百姓提供基本保障的公共产品，而委内瑞拉政府任由市场对食品进行极端的高价格商品化配置，最终导致政府出现危机。再如，改革开放以前我国的住房由政府进行分配，属于公共产品，但随着房地产的市场化改革，住房逐渐成为私人商品，其公共产品属性逐渐弱化。近些年由于房地产价格不断上涨，导致大量百姓的基本住房需求无法实现，所以政府提出"房子是用来住的"这一定位，通过一系列的价格管制和改革，并推出了保障房、公租房、廉租房，让住房的公共产品属性进行适度的回归。

因此，公共产品是以民众实现公共需求为基础特征的动态产品。在此视角下，政府提供公共产品的过程，即在不同的社会阶段，根据公共需求的变化进行公共产品的边界识别和管理，建立公共产品供给体系，优化公共产品供给能力，实现并有效维持广大民众的公共需求的过程。

（二）传统公共经济学对公共产品供给体系缺乏基本认识和理论设计

传统公共经济学认为公共产品属于"市场失灵"，政府单纯地通过行政机制和财政能力提供公共产品，对公共产品的需求、供给、能力、消费等边界缺乏识别，各国政府在公共产品的职能管理、供给体系选择、供给能力管理等方面存在普遍性的缺陷。例如，委内瑞拉曾把本国百姓的住房、医保、交通等需求的实现完全依赖石油出口的收入，由政府财政进行供给，放弃了社会供给能力和公共产品消费需求之间的关系管理，使之成为社会供给能力与公共产品消费完全失衡的"食利型"国家，造成民众对公共产品的消费产生非理性的依赖，最终导致了政府和国家的失败。虽然委内瑞拉相较于其他国家而言是一个极端的失败案例，但是这种现象是普遍存在的。多数政党把实现公共需求作为对选民刚性兑付的承诺，其实这附加了很强的政治属性，而事实上，政党在执政期间并未通过科学的测算和分析来兑现公共需求的承诺。传统公共经济学认为公共产品主要有三种供给方式：政府供给、社会资本供给、政府与社会资本合作（PPP）供给。不同的倾向下，针对三种供给方式有很多理论分析，将这三种方式进行优劣性对比，会发现以下问题。首先，如何设定评价供给方式的标准？其次，既然由政府提供公共产品，那为什么会出现效率低下或陷入财政债务陷阱？再次，由社会资本提供公共产品，为什么会产生供给不足或价格偏离？最后，在我国实践应用上，为什么政府与社会资本合作机制会出现一哄而上又一散而下的现象？出现上述问题的本质原因，是缺乏对公共产品的供给体系和供给能力的系统性研究。

追本溯源，人民群众才是公共产品社会供给能力的真正提供者和需求消费者。公共产品的社会供给能力是民众通过统筹、捐献、纳税、消费等方式形成的劳动成果，以物资、税收、特许经营项目、使用者付费等收入为具体呈现形态。比如，民众通过捐助建筑物资形成对地震灾区救助性住房的供给能力；百姓通过纳税产生的财政收入形成对市政基础设施的供给能力；市民通过缴纳垃圾处理费形成对垃圾处理站特许经营的供给能力；公众通过有偿使用体育场馆形成对公共体育场馆的供给能力；等等。

根据社会经济的不同发展阶段、区域特征，对公共产品的社会供给能力和消费能力、供给周期和消费周期进行全流程的测算，形成科学有效的公共产品供给体系和供给能力管理机制。政府供给、社会资本供给、政府与社会资本合作供给形成了市场配置的三种供给方式，但供给方式的本身不会决定公共产品供给的合理性与科学性。建立科学的公共产品供给体系和供给能力管理机制，是公共产品可持续良性发展的前提。如果脱离社会供给能力，盲目推崇某一种供给方式，最终会陷入供给的困境。在我国推行的政府与社会资本合作机制是一种盲人摸象的思维方式，简单地认为基于项目的物有所值分析和地方政府的财政承受能力论证，就能代替对公共基础设施供给能力的测算和管理工具，其论证逻辑是混乱的。我国许多地方的公共基础设施供给与政府财政能力失衡，正是由于长期以来缺乏对公共基础设施建设规模和社会供给能力的科学管理。

公共基础设施的投资可以带动生产力发展和资源增值。在社会生产力发展的前提下，公民通过纳税产生的财政收入是形成公共基础设施社会供给能力的重要来源之一；在资源增值的前提下，土地资源的增值使用、自然资源的增值、环境资源的有偿保护付费也是形成公共基础设施社会供给能力的重要来源。

在我国，对公共基础设施的供给能力没有建立管理边界，而是采取粗放式的发展规划论证，宏观式的指标体系指导，随波逐流式的统一思想——财政有钱就花，没钱就借着花，这是长久以来的错误管理意识造成的。同时，我国公共基础设施的供给方式是由政府刚性兑付，少部分采取市场化机制提供。由政府提供的公共基础设施，如城市道路、公园、广场等被确立为公益性基础设施，公众在使用过程中无须支付费用，这就导致该类基础设施投资建设有价值，但无消费价格，供给机制缺乏价格对等关系。因此，在社会供给能力管理缺位、公共产品社会消费价格归零的双向断裂情况下，我国的公共基础设施投资在度过了依靠土地增值收入的短暂黄金期后，就全面陷入了债务的困境。

（三）传统公共经济学理论对公共产品的属性缺乏科学认知

长期以来，传统公共经济学理论对公共产品的认知还停留在"效用的不可分割性""消费的非排他性""消费的非竞争性"等表象特征层面，缺乏对公共产品属性的科学认知。特征是表象，属性则体现着真正的核心内容。公共产品具有公共所有权或使用权属性、资产属性和公共消费属性这三大基础属性，公共产品的管理也基于这三大属性。

1. 公共产品的公共所有权或使用权属性的价值和意义

公共产品与私有物品一样，都是为了满足民众的个人需求。在法律上对私有权或使用权有清晰的界定和严格的保护，但公共产品的公共所有权或使用权则缺乏基本的界定和保护。很多国家在修建公共基础设施时，都会与个人的土地所有权或使用权产生冲突。在各国的法律中，因为没有法属权益的确认和保护，公共基础设施的公共所有权或使用权并不具备和私有权一样的平等的法律地位，所以当两者发生冲突时，在法定裁决和舆论意识下，公共权益都处于劣势。例如，我国的拆迁条例，其立法宗旨是"维护公共利益，保障被征收房屋所有权人的合法权益"，对公共产品实现的公共需求的法律地位的认可就存在缺位，因此各地政府在执行拆迁时，缺乏合法权属保护的法律依据，仅限于"采取暴力、威胁等方法阻碍依法进行的房屋征收与补偿工作，构成犯罪的，依法追究刑事责任；构成违反治安管理行为的，依法给予治安管理处罚"。在发生以上冲突的时候，一些国家会选择把"公共权益对个人私有财产的保护和无原则的让渡"作为立法精神的经典。

公共需求和私有物品一样，都是为了满足民众的个人需求而产生的，且公共需求具有公共性，这其实更为重要。公共需求随着社会的发展而变化，公共产品的范畴也会不断地变化，公共产品的公共所有权或使用权同私有权一样具有同等或优先的法律地位，在变化的环境中，两者必须具备互换的法律前提，这样才能有效地解决公共产品供给中公有权和私有权的法律冲突，才能有效地推进公共产品满足社会的发展需求。所以，必须确立公共产品的公共所有权或使用权属性的法律定位。

随着互联网共享技术的发展，所有权变得不如使用权重要，公共产品的范围正在不断发生变化，民众也通过共享技术实现了更多、更便利的公共需求，如共享汽车就使汽车从私人物品转变为公共产品。为方便理解，我们在这里不深入讨论公共产品的所有权和使用权的差别，而是将其设定为同一属性类别。

2. 初步认识公共产品资产属性和公共消费属性的价值和意义

公共产品满足广大人民的公共需求，其资产价值具有普遍性，消费需求具有刚性和长期性，所以公共产品具有资产属性和公共消费属性。公共产品与私人产品相比，更容易附加商业价格和价值，并且是现代社会财富和公共财富原始积累的源头。

历史上，大多数国家是通过战争掠夺财富的，现代化国家则越来越依赖公共产品的商品化，从而创新社会财富的产业链条，加速国家公共财富的积累。比如住房，不论是在美国、日本、新加坡，还是在中国内地、香港地区，政府都通过住房的商品化方式快速实现了社会财富和公共财富的积累，其资金和资产的继承性对于推动社会产业投资和产业化发展起到了关键性作用。

公共产品的资产和消费价格波动对社会经济的影响具有广泛性。特别是在社会经济体系高度市场化、金融化之后，公共产品作为社会的基础需求产品，其资产属性和公共消费属性容易形成规模化市场效应和财富效应，同时也更容易被杠杆化和泡沫化。

公共产品供给体系在超出社会供给能力的情况下，若继续为大众提供公共产品，就容易积累和形成公共债务和金融危机。例如，我国地方政府在超过财政承受能力的情况下，还不断地提供公共基础设施建设，由此金融市场就借助公共基础设施的资产属性进行高度的杠杆化，最终形成地方政府性债务风险和金融风险；公共产品供给体系在超出社会供给能力的情况下，若不断推高公共产品的消费价格，就容易积累和形成公共资产泡沫和社会债务危机，如我国的住房供给就超出了民众的经济承受能力，金融市场借助住房的资产属性和公共消费属性不断进行杠杆化，进而持续推高住房价格，形成房地产资产泡沫和社会债务危机。

公共基础设施作为公共产品具备资产属性和公共消费属性，也是引发金融危机的基础载体之一。

我国公共基础设施因其稳定的资产价格被金融市场看中，但是其公共消费价格无形中被设定为零，出现了有资产投资却无消费价格的怪异型公共产品。由于缺乏消费定价，公共基础设施便由金融市场进行定价。例如，一些地方政府和金融机构，错误地将公共基础设施30年左右的使用寿命按3～10年的期限进行定价，致使资产价格和消费价格严重失衡，基础设施的偿付周期被成倍压缩，形成公共基础设施偿付周期杠杆，几轮循环、杠杆叠压，导致地方政府陷入债务危机。近些年，各级政府研究和出台了不少财政政策，寄希望于通过以更低利率、更长周期的债券设计方式来缓解风险峰值。实际上这些举措并不能从根本上化解地方政府性债务危机和金融风险。

公共产品不论通过政府机制提供，还是通过市场机制提供，始终会保持其资产属性和公共消费属性，因此政府必须像保持自来水、燃气、电力等公共产品一样，保持所有公共产品资产价格和消费价格的平衡，否则就会产生危害和风险。

我们再以房地产泡沫化为例进行分析。住房属于人民的基础需求，日本和中国都相继对住房进行了完全的商品化，由市场进行完全配置。虽然开发和建设住房的资产价格成本低，但由于住房需求的规模性和刚性，其消费价格高，住房的资产价格和公共消费价格之间存在暴利的空间，因此住房的资产属性和公共消费属性被市场攫取和控制，使政府多年来放弃了对住房的公共产品属性的管理，让其从公共产品完全演变为市场化商品，再由商品演变为投资品。同时住房的资产价格被金融市场多层次杠杆化，消费价格被严重泡沫化，由此带来一系列的社会风险和金融风险。

综上所述，传统公共经济学理论并未形成有效的看待公共产品的经济学视角，只是提供了一些残缺不全、错误的理论路标。本书以经济学的全新视角，对公共产品的定义、要素关系、供给体系、供给能力、属性特征等进行了系统性分析，形成了全新的公共产品经济学逻辑。

二、公共产品的本质

"定义"是指对概念的内涵或语词的意义所做的简要而准确的描述，最为重要的是，是对事物的明确价值做出描述，覆盖事物的本质特征。公共产品的核心价值是为了实现民众的公共需求，这是公共产品概念的核心内涵，也是其本质特征。因此，公共产品的定义如下：

在公共权力和制度结构下，以社会供给能力为基础，以公共信用和公共意识为纽带，通过生产机制实现公共需求的基础资产。

（一）公共产品的供给体系

公共产品是实现民众公共需求的基础资产，这是确定物品是否是公共产品的根本特征，在此定义下，公共产品的供给体系由"公共权力""制度结构""公共需求""社会供给能力""生产机制""公共产品""公共信用""公共意识"这八大要素组成。

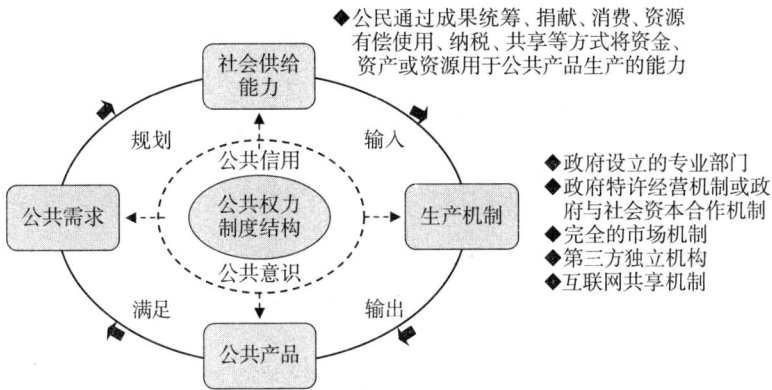

◆公民通过成果统筹、捐献、消费、资源有偿使用、纳税、共享等方式将资金、资产或资源用于公共产品生产的能力

社会供给能力

规划   公共信用   输入

公共需求   公共权力制度结构   生产机制

   公共意识

满足   输出

公共产品

◆政府设立的专业部门
◆政府特许经营机制或政府与社会资本合作机制
◆完全的市场机制
◆第三方独立机构
◆互联网共享机制

图 1.2　公共产品供给体系

公共产品供给要素的体系如图 1.2 所示，形成从需求规划到能力输入、产品输出和需求满足的循环，其要素关系和流程逻辑如下。

- 公共权力（政府官方公共权力和供给体系运行所必需的非官方公共权力）形成公共产品领域的制度结构（运用公共权力形成的正式规则、非正式约束以及它们的实施特征的集合）。

- 在制度结构和公共需求规划的基础上，社会供给能力是指公民通过成果统筹、捐献、消费、资源有偿使用、纳税、共享等方式将资金、资产或资源用于公共产品生产的能力。

- 社会供给能力输入生产机制，通过生产机制（政府设立的专业部门、政府特许经营机制、完全的市场机制、政府与社会资本合作机制、第三方独立机构和互联网共享机制等）输出公共产品，实现公共需求的满足。

- 在此循环中存在和优化的纽带要素公共信用是维持和驱动公共产品供给体系的基础金融要素。
- 在此循环中存在和优化的纽带要素公共意识是维持和驱动公共产品供给体系的社会价值要素。

（二）公共需求和公共产品

在社会活动中，公民存在共性基础需求，如食品、衣物、居住、交通、社会保障等，我们确定为公共需求。在不同社会条件下，公民的公共需求（存在部分或绝大部分的共识，个性化和超社会水平的需求除外）是公民个体基础需求的集合，可以是部分的公民需求集合，也可以是所有的公民需求集合。公共需求不包括公民的个性化需求，也不包括公民的超社会水平的需求。

比如，在现代社会，交通类基础设施是公民社会活动的共同硬性需求，根据公民的经济条件和习惯要求，会形成公交车、地铁、飞机、汽车等不同交通产品。再比如，公民生存的消防需求，虽然它并非如衣食住行一样天天必需，但它是预防和解决公民在生活、工作、学习过程中遇到的人为、自然或偶然灾害的必需品，是社会民众普遍的需求共识。

公民的基础需求包括公民的生存权、发展权、资产权，以此可以把公共产品分为如下几类。

- 基于公民生存权需求的公共产品：满足基本生活要求，包括食品、衣物、基础医疗和救助设施、公共安全保障设施等。

- 基于公民发展权需求的公共产品：更系统、更完善的高层次生活要求，包括公共教育设施、完善的医疗、文化、公共交通、通信系统、电力系统、能源系统等。

- 基于公民资产权需求的公共产品：经济利益保障的要求，包括资产增值、保值、创新的保障设施和金融设施等。

贫困国家基于公民的生存权需求，把粮食、衣物、基础医疗作为主要的公共产品；发展中国家会把公共教育、公共医疗、公共交通等作为评估政府执政能力的标准；发达国家政府基于公民资产权需求，提供更多公民资产保障和增值类的公共产品。不同的国家或国家发展的不同阶段，公共需求会呈现出不同的需求状态，公共产品会随着公共产品供给体系和供给能力的变化而变化，因此公共产品是一个动态的概念。

例如，表1.1中粮食在不同需求环境下的公共产品性态变化就是一种动态的过程。

表 1.1　粮食的公共产品性态变化

需求环境状态	粮食的基本属性	供给方式	实例情况
难民环境	公共产品	由国际援救组织提供救助性供应	难民营
饥荒环境	公共产品	由政府或援救组织提供配给或救助	饥荒时期
粮食供给不足或初步持平	公共产品	由政府统一配给	我国改革开放前
粮食供给丰富且公民购买力充足	商品化的公共产品	对粮食供给进行完全市场化运作，同时政府保持价格监管，预防商品价格脱离公共产品的资产属性	大部分发展中国家和发达国家
国家储备粮	公共产品	由政府统一储备	大部分发展中国家和发达国家

现代互联网共享技术，如滴滴出行、共享单车、河狸家等共享平台形成了新的公共组织形式，即公众的共性需求被平台化，公众在互联网共享平台的消费形成可监测的个人信用，通过系统的共享和分配，实现了社会供给能力的协同共享和公共产品的输出，私人的物品演化为公共产品，公共产品的边界进一步扩大。随着互联网共享技术的发展，公共需求的集合多样性和层次性会越来越丰富，公共产品的范围会越来越广，并且成为未来社会的一种新的发展趋势。

（三）社会供给能力

公共产品不会凭空创造，需要由一个国家或社会的公民提供资金、资产或资源才能生产出来，我们把公民通过提供资金、资产或资源来用于公共产品生产的能力称为公共产品的社会供给能力。

1. 社会供给能力的定义

社会供给能力是指公民通过成果统筹、捐献、消费、资源有偿使用、纳税、互联网共享等方式将资金、资产或资源输出到公共产品生产机制，形成可供公共产品生产的能力。

社会供给能力按对供给体系的供给状态分为"前置供给"（成果统筹、捐献等）、"后置供给"（消费）和"混合供给"（资源有偿使用、纳税、共享）三种方式。

社会供给能力按物质形态分为资金、资产和资源三种形态。

2. 社会供给能力的路径方式

社会供给能力按供给路径分为成果统筹、捐献、消费、资源有偿使用、纳税和互联网共享六种方式。

（1）成果统筹。一般发生在特殊的时期，如战争、灾难时期，政府对公民的物资进行统筹，通过分配的方式进行公共产品的供给。

在通过成果统筹方式形成社会供给能力的情形下，公共产品按已实现的供给能力通过生产机制进行生产，公共需求、供给能力和生产机制容易形成匹配性，供给体系也容易形成独立有序的循环系统，如原始部落的食物统筹分配、我国改革开放前的粮食统筹、公民个人缴纳社保基金用于社会保险和保障支出等。

（2）捐献。民众对物资进行无偿捐献，用于对特定人群的公共产品供给。

这种供给方式，公共产品按已实现的供给能力通过生产机制进行生产，公共需求、供给能力和生产机制亦会形成匹配性，供给体系容易形成独立有序的循环系统。例如，NGO（非政府组织）将捐助物资用于贫困救助，百姓通过无偿献血满足伤病人员对血液的需求。

（3）消费。民众通过统一缴费或付费的方式对采用特许经营或使用者付费的公共产品按需进行消费支付的方式。

在通过消费方式形成社会供给能力的情形下，公共产品通过对消费进行预测和评估实现供给，如住房、粮食、特许经营的高速公路、污水处理、自来水、垃圾处理等。在完全市场化消费的情况下，供给关系受到市场规律制约；在特许经营的情况下，则比较容易形成独立、透明的公共产品输出管理，供给体系比较独立清晰。

（4）资源有偿使用。民众对土地、自然资源、环境资源进行有偿付费使用，形成公共财政收入用于公共产品或公共服务生产投入的方式。

资源增值是人类社会城市化阶段一种重要的社会能力供给方式。在城市化效率实现需要聚集大量公共产品的情景下，资源增值是对以纳税为主的社会供给能力来源的关键补充。

在社会实践中，资源有偿使用形成的收入，有直接对应输入供给体系的，如修建地铁时把地铁沿线的土地经营权作为地铁运营的收入来源之一；也有将收入纳入财政收入再输入供给体系的，如我国地方政府通过对土地资源有偿使用权进行出让形成财政收入，将其用于公共基础设施投资，又如石油国家将石油资源的销售收入作为国家财政收入，再用于社会公共产品预算支出。

（5）纳税。公民或法人通过缴纳税收形成公共财政收入用于公共产品或公共服务生产投入的方式。

纳税是国家形成社会供给能力的主要方式，政府对国家或地区通过纳税用于公共产品的比例并未进行过有效的测算和边界管理，透明度非常低。各个领域不断增长的庞大公共财政支出，造成了政府预算支出的无序，由此形成社会供给能力与公共需求的失衡。

由于社会供给能力不可能完全与生产机制一一对应，通过资源有偿使用和纳税这两种方式形成公共财政能力的路径利弊兼具。其优点是社会供给的资金可以由政府进行统筹和调配，并能对公共产品和公共服务收支失衡的领域进行调剂和补充。其缺点是公共产品和公共服务领域的财政预算被融合进政府整体预算支出的资金池，公共产品和公共服务的专用资金大多数被政府其他的支出所占用；社会供给能力和公共产品的需求及生产边界难以进行测算，公共产品供给体系的职能与公共权力的职能重叠，供给体系的制度结构权力化而非专业化，供给体系的透明度低，供给效率低下，容易滋生官僚主义和贪腐风气，在现实实践中往往形成新的失衡。

（6）互联网共享。公众将资源或资产的使用权（有时候也包括所有权）通过社会信息化平台与他人共享，用于满足公众公共需求的方式。

互联网共享机制是一种应用互联网共享技术提高公共产品供给效率和适应效率的新型供给模式，其对具有广泛公共需求的领域形成了全新的供给机制。互联网共享机制是公共产品供给体系和供给能力目前最高效的融合方式，集成了公共权力、制度结构、公共需求、社会供给能力、生产机制、公共产品、公共信用、公共意识的同步结合，系统的缺陷和供给的失衡能够被同步发现，从而实现系统更优化的平衡。比如共享单车，其供给体系的产品输出过剩，能够快速地呈现出来，形成供给体系产能的淘汰；滴滴出行平台上公共产品供给方或消费方的信用增加或减少，能够通过系统同步进行量化评估和实时呈现。2018 年 5 月发生的网约车司机加害空姐的事件，引起社会的广泛关注和讨论，民众的公共意识也通过对共享技术平台的技术缺陷讨论而快速达成共识并取得进步。

（四）社会供给能力的管理

单一的社会供给能力路径方式只适用于社会发展的特殊阶段，如果一个社会的公共产品依赖于单一的社会供给能力，最终社会的生产机制、供给能力、公共需求、公共信用和公共意识会逐步失衡，并且最终可能导致社会组织形式走向瓦解。

例如，委内瑞拉以石油出口为主要的社会供给能力方式，依赖于石油资源的有偿使用形成财政收入，然后通过财政收入提供公共产品，用以满足公民食品、教育、医疗、住房等公共需求。在这个过程中，公民在系统中的供给能力、信用能力、公共意识都被完全弱化，事实证明该系统是一个失败的系统，在其石油资源有偿使用不足以形成有效社会供给能力的时候，整个社会就会走向瓦解。

再如，我国的公共基础设施，大部分地方政府依赖于近30年来的土地资源有偿使用形成的财政收入，然后通过财政收入对基础设施投资进行兜底覆盖。在这个过程中，基础设施的投资规模、需求规模、融资规模都没有被纳入系统进行测算和评估。城市道路、公园、广场等大量的公共基础设施被确立为公益性基础设施，公众在使用过程中无须支付费用，形成无偿消费意识，个人对公共产品的供给意识、消费意识、评估意识、风险意识都是完全被隔离在供给体系之外的。公共基础设施的供给能力和生产机制断裂，公共需求和公共产品的输出完全依赖于地方政府公共权力和制度结构，公共信用没有被切实有效地量化和评估。事实证明，这也是一个失败的供给系统，许多地方政府在土地资源有偿使用不足以形成有效社会供给能力的时候，公共基础设施债务高企，必须依赖中央政府的转移支付、省级政府的债券发行进行救助才能得以维持。政府在公共基础设施领域的公共权力和制度结构难以形成稳定、可持续的局面。

又如，我国的社会保险公共产品，由政府设立的社会保险基金管理局进行独立管理。社会保险基金管理局为各级政府人力资源和社会保障局下属的独立行政事务机构，负责各级社会保险基金的征收和管理。在这个体系的流程循环中，公民缴纳社保形成的社会供给能力与享有的社会服务可以进行测算对应，社保资金与政府一般公共预算支出相隔离，具有很高的独立性和透明度，公众对社会保险基金管理局的定位和自身对社保的缴纳义务均有清晰的认知。社保这类公共产品由每个人、每个企业缴纳的资金作为社保的输入能力，公众不会把社会保险基金管理局看成社保产品的能力输入机构。公民缴纳社保的公共意识非常强，能够形成足够的主动机制，同时公民通过缴纳社保形成的信用记录能够被精确地测算，其信用记录不仅在社保体系中得到认可，而且还被广泛用作公民户口调拨、个人购房、个人信贷等征信的依据。

再如，各国政府在现实中没有对税收形成的财政收入进行测算和边界管理，更没有对公共产品生产所需的财政收入占比进行识别和管理。政府通过把财政收入作为资金池，对社会供给能力进行期限错配，对公共产品进行刚性兑付，政府从社会供给能力和公共产品的委托管理者变成了兑付人。公民认为自己向政府缴纳了税收、对资源进行付费使用，由此形成了政府对公众所需的公共产品的刚性兑付契约，政府在公共产品领域的兑付危机、财政危机和债务危机应运而生，甚至在很多国家成为执政危机的导火索。

从上述实例中可以看出，公共产品供给体系中社会供给能力与生产机制的匹配性、独立性和市场性越强，其提供的公共产品的系统能力就越稳定，公共需求的满足程度就越高，并且公共权力和制度结构就越稳定，同时公共权力和制度结构的显性作用就越低，社会的公共信用和公共意识对系统循环的作用力就越高。

公共产品供给体系中社会供给能力与生产机制的匹配性、独立性和市场性越弱，甚至被割裂，其提供公共产品的系统能力就会走向失衡，公共权力和制度结构就越不稳定，并且公共权力和制度结构的显性作用就越大，社会的公共信用和公共意识就难以形成，对系统循环的作用力就越低。

社会的公共需求内容和层次都非常多样，需要由多种组合的供给方式形成有效的、可持续的社会供给能力，并持续强化社会供给能力与供给体系的匹配性、独立性和市场性。

（五）公共产品的生产机制

生产机制是指依据一定的制度结构进行公共产品生产的组织及产业链集合，其中包含金融服务。

在世界各国，目前公共产品的生产机制有一些常态的类别，分为"政府设立的专业部门""政府特许经营机制""政府与社会资本合作机制""完全的市场机制""独立第三方非营利机构""互联网共享机制"六大类别。

由于长期以来公共产品研究领域并没有建立科学的理论体系，所以现实中上述六种类别的划分，其核心的逻辑并非完全科学合理，相互的关系也不具备完全清晰的边界。比如，政府设立专业部门，是否能够代表政府执行公共权力？政府设立专业部门来提供公共产品，是否也属于政府特许经营的类别？政府特许经营机制和政府与社会资本合作机制，两者之间的定义和标准该如何划分？这一系列问题在现实中是难以精准划分的，这也造成了现行政策结构中存在重重矛盾。本节我们将对上述六种类别的公共产品生产机制及其本质的供给逻辑关系进行阐述，便于在实践中能够对供给体系的生产机制有更准确的了解，公共产品的供给能力的测算与生产机制的定价，我们将在后续章节中进行详细说明与分析。

1. 政府设立的专业部门

在普遍的认识中，政府往往被设定为公共产品的提供者。实际上政府在公共产品供给要素中承担两种角色：一是公共权力和制度结构的主导者；二是通过设立事务型的官方专业机构作为供给体系提供公共产品。政府的这两种角色必须在公共产品供给体系中进行清晰的识别。

从普遍的评价角度来看，公众经常比对由政府提供和由市场提供的公共产品的优劣，而且主观判定由政府体系提供公共产品效率低，会带来各种问题，由市场体系提供公共产品则是一种趋于完美的配置。这是因为在政府提供公共产品供给体系的要素角色中，政府独立部门的公共产品供给体系的职能与公共权力的职能重叠，供给体系的制度结构权力化而非专业化，造成供给体系的透明度低，供给效率低下，极易滋生官僚和贪腐。

公共产品供给体系中社会供给能力与生产机制的匹配性、独立性和市场性的强弱，决定了供给体系的效率和准确率。

由政府来提供公共产品或公共服务，其效能取决于两个层面的结构安排。

（1）是否设立了专业的部门作为公共产品的供给管理机构，而且该机构是否在政府职能中形成了独立性。

（2）官方的专业的公共产品供给管理机构对社会供给能

力的输入管理、对公共产品的输出管理，是否保持了匹配性、独立性和市场性。

例如，表1.2对我国社会保险和公共基础设施这两种公共产品的供给方式进行了对比。

表1.2　两种公共产品供给方式对比

公共产品	社会供给能力方式	生产机制	性态评估
社会保险	劳动成果统筹：由公民和企事业单位统筹缴纳社保资金	政府设立的独立社保基金理事会和社会保险基金管理局	供需当期基本平衡 社会供给能力专项管理，跨代际配置 供给系统效率高 公民社保意识强烈 社保信用管理标准规范 未产生公共或个人债务
公共基础设施	纳税和土地资源有偿使用形成公共财政收入	没有独立的专业部门，公共基础设施建设和运营由发展和改革委员会、城市建设部门、城市管理部门、财政部门等多部门管理	基础设施供给严重过剩 无社会供给能力匹配管理、供给和支出边界不清 生产机制效率适中但是存在浪费和腐败 供给系统缺乏信用体系建设，依赖于政府主权信用，信用管理模糊混乱 造成规模性的公共债务

从表1.2的实例对比中，我们可以看到我国的社会保险公共产品由政府设立的社会保险基金管理局进行独立管理，社会保险基金管理局是各级政府人力资源和社会保障局下属的行政事务机构，负责各级社会保险基金的征收和管理，负责贯彻执行国家、省级等各级政府有关社会保险方针、政策，

拟订本级政府社会保险管理和经办办法、各项工作规划和年度计划，并组织实施，负责经办养老、医疗、失业、工伤、生育等保险以及机关事业单位工作人员养老保险、职业年金的参保和费用征收，公务员医疗补助费和家属统筹医疗费的征收以及相应险种项目待遇的审核、支付、服务、管理等工作。

社会保险基金管理局在社保产品中的职能非常清晰。社会保险基金管理局是广大公民社保基金的制度设计者和供需组织者，对社保的社会供给能力和社保支出进行独立核算管理，确保供需当期基本平衡，并在管理过程中不断进行优化，争取实现社会供给能力与社会保障需求跨代际配置。社会保险的制度结构稳定可靠，能够保持必需的连续性和不断的优化。

社会保险基金管理局的定位和公民自身对社保的缴纳义务都非常明确，社保这类公共产品由民众和企业缴纳资金作为社保的输入能力，公众不会把社会保险基金管理局看成社保产品的能力输入机构。社保基金的亏空或负债，是所有公民代际之间发展不平衡或社保制度管理不平衡产生的负债。

而对于公共基础设施，我国政府并没有设立官方的事务型供给机构，公共基础设施建设和运营的职能散落在发展和改革委员会、城市建设部门、城市管理部门、财政部门等多部门机构，公共基础设施供给体系中的公共权力要素和生产机制要素职能重叠，公共基础设施建设和运营的专业职能并未得到有效隔离，保持独立性；公共基础设施的供给缺乏稳定有效的制度结构，全国范围内统一的规范性和政策的连续性都非常差；政府对公众通过纳税和土地资源受让形成公共财政收入和基础设施投资的预算支出并未建立有效的边界，缺乏独立、透明的管理机制。因此，近些年我国许多地方政府在公共基础设施领域形成的债务成为规模化的政府性债务，给政府和社会带来了规模化的债务风险。

从政府制度选择上，政府可以把涉及非公共权力属性的公共产品和公共服务从政府部门职能中独立出来，逐步推动机构改革和政府的收支预算改革，把公共产品的供给体系逐项进行独立运营，推动国家治理体系和治理能力的现代化。

2. 政府特许经营机制

在公共产品的提供方式上，政府除了设立专门的部门进行提供之外，还可以通过特许经营的方式选择合适的法人组织来提供公共产品，这种方式叫作政府特许经营。

公共产品领域政府特许经营机制，主要是指在基础设施和公用事业领域，政府采用一定的竞争或授权方式授权法人或其他组织进行基础设施和公共事业的投资与运营，并依据基础设施和公共事业项目范围内匹配的社会供给能力作为特许经营的收益来源。

现实中比较常见的特许经营领域包括自来水、燃气、电力、公共交通、城市环卫等。

在公共产品供给中，政府设立的独立部门可以与特许经营机制进行相互转化，如铁路、自来水、电力等部门，这些原来在我国都是由政府设立的独立部门进行管理，政府对其拥有的公共权力进行适当的剥离，把制度审批权、监管权等权力收回，转化为铁道公司、自来水公司、电力公司等政府特许经营的机制。特许经营的公司，如果有足够的唯一性和独立性，加之政府赋予一定的制度审批权和监管权，就可以转化为政府独立公共产品生产机制部门。

特许经营机制成功与否，关键在于特许经营项目供给能力和特许经营项目生产机制的定价是否能够进行匹配。我国虽然实施特许经营项目多年，但是由于各地实际情况的差异性，在特许经营领域并没有形成足够的数据支撑来用于完善特许经营项目的定价和成本测算，特许经营并没有形成良好、稳定的制度结构。

3. 政府与社会资本合作机制

政府与社会资本合作是近些年在我国兴起的一种特殊公共产品生产机制。它在国外普遍的定义是政府与私人资本合作机制，在我国将其明确为政府与社会资本合作机制。据多种官方信息和非官方信息介绍，该方式在英国被大规模地推广实施，具备完善的实施体系和丰富的实施经验，但经笔者多方考察数据，发现上述国家并没有大规模地推广政府与社会资本合作机制。

政府与社会资本合作机制的逻辑出发点是政府是公共产品的提供主体，但是由于政府的财政能力制约，无法满足公共产品的提供，所以引入社会资本方，联合完成公共产品的提供。尽管看似合理可行，但这是一种错误的定位方式。

公共产品的真正提供方是社会公众自身形成的社会供给能力，不论公共产品通过何种生产机制提供，最终都需要由社会供给能力买单，政府和社会资本都不是公共产品的真正提供者，因此在公共产品相对于社会供给能力出现过剩的情形下，不论采用何种生产机制，都无法达到目的。在我国，公众通过纳税和土地使用权资源受让的方式形成的社会供给能力，近些年已经无法匹配现行公共基础设施定价机制下的社会生产了，所以公共基础设施的提供难以为继。

因此，在这样的前提下，政府与社会资本合作在我国难以为继。在公共基础设施供给体系信用循环已经接近断裂的情况下，无法解决项目投融资的金融授信逻辑的问题，陷入"政府与社会资本合作是不是融资"的争议中；在社会供给能力已经接近断裂的情况下，无法解决项目收益来源的问题，陷入"项目该不该由政府预算付费"的争议中。

在社会供给能力能够合理供给的情况下，公共产品通过社会资本方独立或与政府联合进行提供，本质上都属于政府特许经营的范畴。所以本章节把政府与社会资本合作机制作为公共产品生产机制的类别，仅仅是从现实社会中公共产品提供的制度结构出发，作为一个单独的类别在此进行表述，并不代表本书对该类方式制度逻辑的认同。

4. 完全的市场机制

完全的市场机制，是指政府的公共权力和制度结构最大限度地放弃对公共产品供给体系的管理，按市场化的方式完成社会供给能力的组织和公共产品的生产，政府保持对其公共产品公共需求属性的监管，以避免公共产品的市场定价严重偏离社会供给能力的合理水平。

国家治理体系和治理能力现代化程度越高，由市场机制进行提供的公共产品范围就会越广泛。在我国粮食、衣物、出行、住房、教育、医疗等领域，大多数的公共产品都是由市场机制提供和实现的。

由市场机制来提供公共产品，其成功的关键在于社会的供给能力和公共产品的定价是否能够进行匹配。

由于公共产品需要广泛的消费需求和资产属性，所以在完全市场机制下，往往会产生价格投机，公共产品的提供方会难以抑制地希望从中获取更高的利润。市场机制下的公共产品提供受到利润的激励，能够促进产业和相关行业高速、高利润的发展，带来就业和市场的繁荣，但是一旦到达其临界点，也会给社会供给能力带来伤害，使公众难以承受。

从表1.3的实例对比中，我们可以看到我国对粮食和住房都采用了完全的市场机制进行公共产品提供，通过市场系统实现了对公共产品提供的充裕性和多样性，满足了公民的丰富性需求。

粮食供给能够满足公共需求；价格在供给体系可承受范围区间内，按市场规律波动；粮食供给丰富，产品保存周期短，单位价格低，同时政府对粮食进行了适当的价格监管，所以粮食实现了供需平衡，价格水平与社会的供给能力基本持平。

但是住房的生产机制一直无法满足公共需求，在社会经济环境不断变化的情况下，形成多层次的刚性需求叠加。住房有70年的保值周期，单位价格高，在完全市场化的情况下，住房的资产属性被金融化，供需失衡；产品价格远超社会平均供给能力，形成巨大的资产泡沫，住房严重偏离了其公共产品属性。

表1.3 市场机制下的粮食与住房对比

公共产品	社会供给能力方式	生产机制	性态评估	公共权力和制度结构
2018年粮食	消费	市场机制	粮食供给能够满足公共需求价格在供给体系可承受范围区间内，按市场规律波动生产机制效率高，产业链完整	政府对市场价格保持监测和适度的调控

公共产品	社会供给能力方式	生产机制	性态评估	公共权力和制度结构
2018 年住房	消费	市场机制	住房无法满足公共需求 产品价格远超社会平均供给能力，形成全产业链化的投机价格，价格机制被生产资源（土地）和金融资源锁定 生产机制效率高，产业链完整 产生规模化个人债务	政府对市场价格保持监测和末端价格调控，但是无法对产业链进行价格调控

5. 独立第三方机构

独立第三方机构，主要是指通过募集捐助物资，进行社会救助的公益组织。该类机构组织有官方设立的，如红十字国际委员会、中国慈善总会，也有民间的，如壹基金等。它们对于社会发展过程中存在的局部性、临时性的公共产品供给失衡起到非常重要的补充作用。

6. 互联网共享机制

互联网共享机制，在通用的概念中被称为共享经济。关于共享经济有很多专业的著作和分析，从各种定义的本质上看，这是属于公共产品的一种新型供给方式。

（1）其存在可集成的公共需求；

（2）可集成的公共需求对应着可利用的海量的闲置产品资源；

（3）利用互联网共享平台，公众通过消费的方式对产品资源进行利用，实现公共需求的满足，完成公共产品的供给循环。

公共需求是指可以形成需求集合的公民需求。互联网共享模式通过需求识别和集成技术，可以快速地在一定共性条件下形成公民的需求共识和明确的需求内容。互联网共享机制是公共产品供给体系的高效模式，它提高了公共需求特征的集合性和公共产品生产、提供、服务的即时性、同步性以及准确性。

互联网共享模式是未来公共产品供给体系的发展方向，可以深入解决我们目前在教育、医疗、社会保险、住房等领域存在的系统性缺陷。

（六）公共权力和制度结构

公共产品供给体系中的公共权力是指在公共产品供给体系中，由国家机关代表全体公民来行使的、官方公共权力和供给体系运行所必需的非官方公共权力。

人们常把公共产品看成公共权力的产品，认为"公共权力由政府提供"，这是对政府角色的错误定位。公共权力是公共产品供给体系中一个必要的关键要素，其边界在于依据公共产品供给体系的规律，确立公共产品供给体系的制度结构和履行监管职责。一旦公共权力超越供给体系的规则，供给体系就会走向失衡。目前公共产品领域的失衡比比皆是，根源在于我们错误地定位了公共权力在公共产品中的作用。

公共产品供给体系中的公共权力具有社会性、公共性，因而也具有强制性，要求公民都必须遵守和执行公共产品所覆盖的需求的使用规则。

由国家机关（主要指政府及组成部门）行使的官方公共权力，是公共产品供给体系的一个必要的和前提性的要素，在没有稳定的官方公共权力的运行作为前提时，公共需求、社会供给能力等都缺乏合法可靠的保障，难以形成有效的公共产品供给体系。

供给体系中的非官方公共权力是指供给体系运行中由公共产品实施运营的主体，为了保证供给体系的有效运行而行使的强制性和社会性的权利。例如，高速公路公司可以制定车辆行驶的规则；网约车系统可以对违规的用户进行处罚，对合规的用户进行奖励；等等。

公共权力通过制度结构发挥作用。制度结构是指运用公共权力所形成的正式规则、非正式约束，以及它们的实施特征的集合。① 包括法律法规、制度机制、实施方案、实施效率等。

公共权力和制度结构密不可分，两者为公共产品供给体系提供了法律和规则的基础。比如，我国通过教育领域的法律法规、各级政府的政策制度、各个学校的教育管理制度规

---

① 道格拉斯·C. 诺思（Douglass C. North），《理解经济变迁过程》（*Understanding The Process of Economic Change*）。

范、教育体系的实施效率等，组成了教育公共产品的制度结构，这些制度结构中包括由官方公共权力确立的正式规则和非正式约束，也包括由教育部门、学校，甚至学生组织、家长组织等非官方公共权力确立的正式规则和非正式约束。

公共权力和制度结构的目标是为公共产品的供给体系服务，是为了以更科学的方式提供公共产品，满足人民群众日益增长的需求。公共需求和公共产品的内容是随着社会的发展而不断变化的，因此公共产品和制度权力必须适应社会的发展。

近些年，互联网共享机制成为公共产品供给的一种全新模式，同时也是一种全新的公共组织形式，由于其对公共产品生产机制和社会供给能力管理的即时性和同步性，以及这种全新的公共组织形式所发挥出来的公共权力和制度结构本身具有严密性和高效性，使其系统的缺陷更易被发掘，系统缺陷的修复速度也更加快速。比如，网约车的供给效率和系统效率远远超过了传统出租车。近期发生的网约车司机杀害乘客事件，由于系统公共连接的广泛性，系统性事故缺陷在供给体系中得到了快速地识别和修正。传统出租车领域出现的公共安全事故其实比网约车更加频繁和广泛，但是由于其系统是个体的、局部的、封闭的，不具备公共连接的广泛性，所以其系统性缺陷或事故基本无法得到呈现，修正的速度极为缓慢。

但是目前在该类公共产品出现时，我们传统的公共权力和制度结构往往无法适应新的变化，成为公共需求的阻碍者。在很多国家和地区，政府运输管理机关、交通警察和出租车组织运用公共权力对网约车进行阻碍，这是公共权力和制度结构超越了自身的定位，不能很好地适应公共需求变化的体现。

（七）公共信用和公共意识

我们习惯在公共产品领域使用"政府信用"的概念，但这是不恰当的。政府信用是一个非常模糊的概念，是指基于政府主权作为债务人的支付意愿和支付能力。显然基于这个角度的政府信用是不可精确测量和评估的，虽然有很多评估政府信用的架构，但是从目前来看，这些架构是不精确的，不足以支持不同类别公共产品供给体系的循环的信用需要。

我们在本书中不讨论政府信用的概念，但是政府信用的很大一部分内容体现为公共信用。

1. 公共信用

公共信用是指在公共产品和公共服务供给体系中，供给要素发生作用的意愿和能力。包括社会供给能力信用、生产机制信用、公共权力和制度结构信用。公共信用是可以被记录和精确量化的。

公共产品供给体系中的公共信用，关乎公共产品每一个相关的主体和环节，是公共产品供给体系的实时记录，是公共产品供给体系发生循环作用的基础，是公共产品供给体系所有金融活动的基础。

公共产品的信用包括社会供给能力信用、生产机制信用、公共权力和制度结构信用三个方面。

社会供给能力信用是公民公共信用的核心部分，是公共产品供给体系信用的源头。例如，我们手机通信的欠费、电费水费的欠费、社会保险金缴纳的欠费等，其本质上构成了记录公民的社会供给能力信用，这个信用被金融机构广泛采信，作为公民个人信用的基础。

公共权力和制度结构是公共产品信用合法性确立的关键依据，而生产机制信用则是公共产品信用的实施载体。

社会供给能力信用的集成构成了公共产品社会供给能力，对某一领域社会供给能力信用的集成，可以成为公共产品领域金融创新的来源。如果这一集成的社会供给能力信用能够得到公共权力和制度结构信用的确认，就能形成一个标准信用的金融产品。例如，一个区域的居民按月提供水费、污水处理费的社会供给能力，政府对居民缴纳水费和污水处理费确立了明确的制度规范，那么金融机构就可以提供公共产品金融服务，如贷款给生产机构建设水厂、设立股权投资基金进行水厂投资、把污水处理厂的收费权进行资产证券化等。

公共产品领域的金融产品的业务核心是识别和分析社会

供给能力信用是否具有集成性和规模性，是否包括成果统筹、捐献、消费、资源有偿使用、纳税、互联网共享等各种形式；其次判断该社会供给能力信用是否得到公共权力和制度结构信用的确立，是否包括官方和非官方的公共权力所形成的正式规则、非正式约束，以及它们的实施特征的集合；最后判断公共产品生产机制的主体信用能力。这样就形成了公共产品金融产品完整的信用评估和信用管理体系。

我国公共产品信用在金融领域的应用，有很多成功应用的案例，也有很多失败的案例。

我国城市在自来水、污水处理、垃圾处理领域的公共产品供给体系成熟稳定，这一领域的金融产品也同样比较成熟稳定。但是还有大量在政府主导的公共产品领域，金融机构经常把公共信用完全等同于政府信用，以公共权力和制度结构信用为核心设计金融产品，如很多政府项目的信用评估，以政府的推行力度和政策为依据，忽略了社会供给能力信用和生产机制信用，也忽视了公共产品供给体系循环的科学性和合理性，造成政府在运用公共权力制定制度结构时产生失衡，最终导致金融产品的失败。近些年我国在政府与社会资本合作领域的金融产品，完全依赖于该领域的公共权力和制度结构，社会供给能力信用的识别和确立缺乏合理依据，所以政府与社会资本合作项目走向规模化失败，是一种必然。

在公共产品领域，我国还存在一种情况就是用政府评级信用代替公共产品信用管理。政府评级的信用形式，首先脱离了公共产品信用由社会供给能力信用、生产机制信用、公共权力和制度结构信用三个方面构成的信用管理结构；其次宽泛的政府信用评级并不等同于政府在某一领域的公共权力和制度结构信用，评估的视角会普遍性地偏离。比如，对于地方政府债券的发行，评级机构的评级流于形式，许多评级机构对政府的评级模型，仅是多个角度评级的简单拼凑，对于公共基础设施项目的融资信用缺乏可行的参考依据。

2. 公共意识

公共意识是指在公共产品供给体系中的公民的情感、认知和责任意识。

公民在基础生存、公共安全、公共教育、公共医疗、公共生活、公共信息、能力发展、资产增值等公共产品和公共服务体系中的安全感、秩序感、从容感和温暖感，以及认识和责任意识整体构成了公共意识。

公共意识中的情感，包括公民的安全感、秩序感、从容感和温暖感，是评价公共产品供给体系的重要指标。

公共意识中的责任意识是公共意识培养的关键目标。公共责任意识包括个体责任意识和体系责任意识。个体责任意识主要是个人对公共产品社会供给能力履行责任；体系责任意识包括对他人社会供给能力的监督，对生产机制、公共权力、制度结构、公共信用的监督与建议。

　　良好的公共意识不是通过简单的教育和宣传就能够产生的，而是来自公民参与公共产品社会供给能力的贡献，在享有生产机制提供的公共产品的循环中，一遍又一遍地强化情感、认知和责任。在此过程中，公民对良好稳定的公共权力和制度结构产生强烈的认同，对国家和政府的认同感也不断增强。优质的公共产品供给体系能够产生良好的公共信用和公共意识，良好的公共信用和公共意识又能促进公共产品供给体系的自我循环。

　　所以，从这个角度来看，公共产品和公共服务的供给体系代表着一个国家制度的秩序和温度，代表着国家治理的灵魂，代表着我们会塑造出怎样的民族灵魂，代表着我们拥有什么样的国家原力。

　　改革开放以来，我们国家做得很成功，公共产品的总量为世界之最。但是我们却充满焦虑、迷茫、怀疑、怨气和愤怒，地方政府官员则疲劳地奔命于各类公共需求的刚性兑付。我们制度中的公共安全感、秩序感、从容感和温暖感还没有完全体现出来，我们需要在基础生存、公共安全、公共教育、公共医疗、公共生活、公共信息、能力发展、资产增值等公共产品领域建立更合理的秩序、更明确的规则、更安全的可持续性，塑造公共产品供给体系的安全感、秩序感、从容感和温暖感。

三、公共产品的属性

长期以来，传统公共经济学理论对公共产品的认知停留在"效用的不可分割性""消费的非排他性""消费的非竞争性"等表象特征层面，缺乏对公共产品属性的科学认知。特征是表象，属性则体现着真正的内容。

（一）公共所有权或使用权属性

虽然在法律定义上，明确区分所有权和使用权是可以实现的，但是对物品持有的所有权或使用权的享有收益价值在法律定义上显然存在着重叠，特别是在公共产品领域，公众追求的是享有公共产品带来的收益价值。比如，在我国土地所有权属于国有，但是通过土地使用权转让的方式，可以让土地和住房成为一项公共产品。网约车提供的公共交通产品服务，是基于车辆使用权的交易。因此，我们把公共产品的所有权或使用权属性列为一个共同的属性项。

公共产品与私有物品一样，都是为了满足公民的个人需求。在法律上对私有权或使用权有清晰的界定和严格的保护，但公共产品的公共所有权或使用权则缺乏基本的界定和保护。

一直以来，政府和公民对公共产品的公共所有权属性缺乏认识和管理，造成了个人财产私有权的变动（主要是指公共产品供给会涉及个人财产所有权变动，如修建公共道路会导致土地征收和拆迁），而对公共产品公共所有权或使用权的侵犯，则会造成公共产品的匮乏。当具体到某个公共产品的时候，大家会习惯性地把公共产品的公共所有权或使用权属性假想为政府行政权属性，并把公共产品公共所有权或使用权与私人财产所有权的冲突看成是政府行政承诺与私人财产所有权的冲突。为了规避这种冲突，政府官员往往会放弃公共产品的诉求，甚至用行政承诺与私人达成交易，以牺牲多数的公共利益为代价，保护少数个人私有权益。

有些国家在修建公共基础设施的时候，会与个人的土地所有权或使用权产生冲突。在各国的法律上，因为没有法属权益的确认和保护，公共基础设施的公共所有权或使用权不能和私有权一样享有同等的法律地位，所以当两者发生冲突时，无论是法定裁决还是舆论意识，公共权益都处于劣势。例如，我国的拆迁条例，其立法宗旨是"维护公共利益，保障被征收房屋所有权人的合法权益"，对公共产品实现公共需求的法律地位认可存在缺位，因此，政府实施拆迁就缺乏合法权属保护的法律依据，其法律依据仅限于"采取暴力、威胁等方法阻碍依法进行的房屋征收与补偿工作，构成犯罪的，依法追究刑事责任；构成违反治安管理行为的，依法给予治安管理处罚"。因此，部分国家在遇到上述冲突行为的时候，会选择把"公共权益对个人私有财产的保护和无原则让渡"作为立法精神的典范。

和私有物品一样，公共需求也是为了满足公民的需求，但公共需求存在公共性，因此更为重要。人们对公共产品的需求，首先必须理解、保护和支持公共产品的公共所有权或使用权属性，其次必须完全放弃或适度放弃私有财产属性，以防对公共产品的公共价值形成阻碍。公共产品具有公共所有权或使用权属性，公民有义务为其提供社会供给，以保证公共产品的正常供给。公共产品的公共所有权与私人财产所有权一样要得到保护，两者具有平等性。政府通过宪法、法律法规对公共产品公共所有权进行确认，并进行有效管理，能够提高社会公共产品的供给能力和公共产品系统功能，更好地实现公民的基础公共需求。

随着社会的发展，公共需求不断变化，公共产品的范畴也随之不断变化，公共产品的公共所有权或使用权与私有权一样享有同等或优先的法律地位，在变化的环境中，两者必须具备互换的法律前提，这样才能有效地解决公共产品供给中公有权和私有权的法律冲突问题，有效地推进公共产品满足社会的发展需求，所以必须确立公共产品的公共所有权或使用权属性的法律定位。

1. 从印度的基础设施建设看公共产品公共所有权属性管理的必要性

据美国《华尔街日报》（*The Wall Street Journal*）2017 年 9 月 8 日报道，印度数千名农民抗议政府征地修筑高速公路，"征地难"的问题阻碍了基础设施和工业建设，成为经济持续发展的"拦路虎"。

印度需要保持一定比例的高速增长，让更多的人口脱离贫困，但是长期面临着"征地难"的问题，需要通过买地来建设基础设施和工业设施。身穿传统白色无领长袖衬衫和白色裤子的当地农民，每天开始聚会抗议没有得到足够的土地赔偿，政府官员不但被迫支付更多购地款，还不能强迫农民卖地，但是这些举动并没有平息农民的抗议，他们不断提出新的土地价格，那些卖出土地的农民甚至想收回来，以便得到更多的土地赔偿金。基于这种情况，竟然有数十名政治家表示，他们个人支持农民的要求。

由于印度的宪法和相关法律缺乏对公共产品公共所有权属性的认识和保护条款的确立，导致经济发展和公共产品的供给被"土地私有权的暴徒"掌控，社会陷入了矛盾状态，"如果政府停止农村公路建设工程和农村采矿工程，就会限制农村地区发展，这也会遭到农民的抗议"。印度的农民希望享有更好的基础设施等公共产品服务，但是拒绝支付资产、资金或资源形成社会的公共供给能力，甚至用个人财产私有权不断地侵害公共产品的公共所有权。

其实印度代表着许多国家的典型状态，宪法和法律忽略了公共产品的公共所有权，片面地强化了个人财产私有权的保护。随着公民需求、供给体系和供给能力的变化，公民对公共产品的需求也出现了变化，形成了公共产品的公共所有权和个人财产私有权。

2. 我国对公共产品属性的有效管理

我国公共产品供给丰富和基础设施建设成功，得益于我国法律框架下对公共产品公共所有权或使用权属性的隐性确立和有效管理。

我国的法律虽然没有对公共产品的公共所有权或使用权属性有明文确认条款，但是我国以公有制为基础的法律框架，无形中确立了公共产品的公共所有权或使用权的法律地位，长期以来，公民以此为基础形成了有效的公共意识。在部分征地和土地拆迁的公共基础设施项目上，虽然还会存在政府行政权与公民个人主观意识的冲突，但仅是一种表面冲突，其实质是公共产品公共所有权或使用权和涉及公共利益的个人财产私有权的冲突。在我国公有制的法律基础和长期的公共意识下，这种冲突不具备常态性和规模性。所以我国能够在公共产品的公共所有权或使用权属性这一基础的法律框架下，合法高效地实现公共产品供给。

(二) 公共产品的资产属性和消费属性

公共产品用于满足广大公民的公共需求，而公共需求大多通过消费的方式来满足，因此公共产品是具有消费属性的。公共需求的消费具有刚性、规模性和长期性的特点，公共产品在消费的过程中能够很好地承载价格和价值，这样被价格化或价值化后的公共产品就能成为资产，公共产品就具有了资产属性。公共产品通过消费的过程实现了其资产的流动。

1. 公共产品是增值等价物，是现代社会公共财富和个人财富积累和增长的源头

由于公共产品能够体现需求，承载价格、价值及公共信用的流动，因此公共产品就具备了等价物属性。黄金是法律意义上的一般等价物，由于公共产品具有消费属性和资产属性，公共产品比黄金更能够便利地实现价格和价值的流通，因此公众和资本市场更热衷于把大宗的公共产品视为财富的等价物。因此，公共产品成为现代社会个人财富和公共财富积累和增长的源头。

例如，石油等核心能源不仅快速帮助国家实现了财富积累，还是国家能够长期保持国际财富竞争地位的重要资源。石油是全球化公共产品，美国全球崛起的核心力量是把美元绑定石油，通过石油产量和价格的调配在全球攫取财富。

第二次世界大战之后，工业化和信息化驱动了世界财富的增长，但是大部分地区的核心资本的原始积累都是依赖于另一项公共产品——住房。不论是发达国家美国、日本、新加坡，还是中国均通过房地产的商品化、土地增值、住房价格的上涨等方式，快速实现社会个人财富和公共财富的积累。房地产领域资金和资产的承载性对于推动社会产业条件投资和产业化发展起到了关键性作用。

"工业化和城市化的启动，都必须跨越原始资本的临界门槛。一旦原始资本（基础设施）积累完成，就会带来持续税收。这些税收可以再抵押，再投资，自我循环，加速积累。历史表明，完全靠内部积累，很难跨越最低的原始资本门槛。强行积累，则会引发大规模社会动乱。"① 历史上大多数国家是通过战争掠夺财富完成原始积累的，而现代化国家则通过公共产品创新社会财富的产业链条来加速国家公共财富的积累。

我国通过住房的增值，让财政体系获取源源不断的土地财政收入，而利用土地财政收入免费进行规模化的公共基础设施投资，完成了产业资源和人才资源以城市为中心的聚集。"在短短十几年的时间内，创造了一个比西方国家效率更高的融资模式，使得中国不必借由外部征服，就可以获得原始积

---

① 赵燕菁. 土地财政：历史、逻辑与抉择［J］. 城市发展研究，2014，21（1）：1-13.

累所必需的初始信用。高效率的资本生成，缓解了原始资本积累阶段的信用饥渴，确保了中国经济成为开放和全球化获利的一方。"（赵燕菁，2014）。房地产奠定了我国的第一代规模化的富豪阶层，有房者在此过程中实现了个人财富和信用的增值，成为有产阶级。

2. 公共产品是超级资本化时代之锚

公共产品的资产和消费价格波动对于社会经济的影响具有广泛性。特别是在社会经济体系高度市场化、金融化之后，公共产品作为社会的基础需求产品，其资产属性和公共消费属性容易形成规模化市场效应和财富效应，同时也更容易被杠杆化和泡沫化。公共产品是引发金融危机的基础载体。

日本和中国都相继对住房进行了完全的商品化，住房的价格由成本导向转变为需求导向，由市场化进行完全配置。由此住房的资产属性和公共消费属性被市场攫取和控制，住房从公共产品完全演变为商品，再由商品演变为投资品，住房的资产价格被金融市场多层次杠杆化，住房的消费价格被严重地泡沫化，带来一系列的社会风险和金融风险。由于多年以来公共财政也参与其中，牵一发而动全身，房地产已成为关不回去的"风险魔兽"。

近几年，从房地产获得财政收入的能力逐渐减弱，但是金融市场看中公共基础设施稳定的资产价格，中短期的资本通过各种方式涌入公共基础设施领域，短短几年，积累了巨大的地方政府性债务危机和金融风险。

目前我国开始全面治理金融风险，全面限制房地产、公共基础设施两大资本性的公共产品投融资通道和信用，多年来的超发货币形成各个领域的杠杆，由于失去了承载点，开始规模化的断裂，带来巨大的风险。

公共产品是资本流通的主要通道和阀门，既能释放货币也能吸纳货币；既能释放风险也能吸收风险。我国在房地产和公共基础设施领域积累的风险，由于其涉及的广泛性、区域的多样性、结构的多层次性，仅仅通过"独角兽"之类的上市公司是无法释放的，因为两者涉及的结构完全不一样。

解铃还须系铃人，只有找到房地产和公共基础设施债务风险形成的结构性原因，才能真正逐步化解风险。公共产品是所有社会超级资本化时代之锚，如果我们能够很好地管理其周期和公共属性的定价，就能使之成为保持社会财富、政府收益、金融稳定的市场之锚。

四、公共产品供给恒等式及案例分析

公共产品供给体系中社会供给能力与生产机制的匹配性、独立性和市场性越强，其提供公共产品的系统能力就越稳定，公共需求的满足程度就越高，公共权力和制度结构就越稳定，社会的公共信用和公共意识对系统循环的作用力就越高。

因此，科学有效地管理社会供给能力与生产机制的匹配性和独立性，是公共产品生产体系管理的关键，这需要对公共产品社会供给能力和生产能力进行科学合理的定价测算。

（一）公共产品供给恒等式

公共产品生产能力总额≈公共产品社会供给能力总额

公共产品生产能力价格×能力数量≈公共产品社会供给能力价格×能力数量

1. 公共产品生产能力总额

公共产品生产能力总额是指公共产品生产、服务所需的成本、费用和利润之和。

公共产品生产能力总额可以根据公共产品不同的生产方式，按社会人口分布的区域进行不同层级的统计。例如，我国可以按照区县、地级市和自治州、省和直辖市、全国等不同区域范围进行统计。

2. 公共产品生产能力价格

根据公共产品可量化特征和公共产品生产能力总额确定单位公共产品生产能力平均价格。公共产品生产能力价格可以是一个最小单位的平均价格，也可以是集合价格。

公共产品生产能力价格对于一定社会阶段的技术条件或价格条件而言，其单位成本是相对固定的。

由于公共产品是为了实现和保障民众的基础公共需求，因此，不论公共产品按照何种生产机制来进行供给，即使是在市场机制下，其生产能力价格必须按成本导向定价法来进行定价，接受价格管制，这一点至关重要。如果采用需求价格导向定价法、弹性竞争导向定价法、撇脂定价法等其他定价方式，公共产品的供给体系就会走向失衡。如果粮食不进行价格管制，就会影响公民的基本生存成本；住房完全市场化，就会让很多民众买不起房。

3. 生产机制能力数量

生产机制能力数量是指以公共产品的生产机制能力价格单位为基准，公共产品可以实现的公共需求供给规模。

不同领域的公共产品，其生产能力总额对应的生产能力价格有不同的构成方式，我们可以根据公共产品的生产服务特征，对生产能力价格进行公式分解，例如：

粮食的生产能力总额

= 粮食生产运输成本 + 适当利润

= （单位粮食生产运输成本 + 单位粮食利润）× 能力数量

在粮食生产中，生产能力价格的最小单位等于单位粮食生产运输成本和单位利润之和。

公共基础设施项目的生产能力总额

= 基础设施项目建设成本 + 维护成本 + 适当利润

= （基础设施项目年度折旧费用 + 年度维护成本 + 年度利润）× 能力数量 × 折旧年限

公共基础设施项目的生产能力价格体现为项目年度折旧费用、年度维护成本、年度利润三者之和。

公立学校教育的生产能力总额

= 学校教学设施建设运营成本 + 教育活动所有费用

= （学校教学设施年度折旧费用 + 设施年度运营成本 + 教育活动年度费用）× 能力数量 × 年限

公立学校教育的生产能力价格则由学校教学设施年度折旧费用、设施年度运营成本、教育活动年度费用组成。

社会养老保险生产能力总额

= 养老保险金支出总额 + 机构运行所有相关费用

= （人均养老金支出金额 × 能力数量 × 年限）+ 机构运

行年度费用×年限

社会养老保险的生产能力价格则主要体现为人均养老金的支出金额。

4. 公共产品供给能力总额

公众通过成果统筹、捐献、消费、资源有偿使用、纳税、互联网共享等方式形成社会供给能力的总和。

5. 社会供给能力价格

根据公共产品可量化特征能够确定单位平均社会供给能力价格，这个价格可以是一个最小单位的平均价格，也可以是集合价格。

社会供给能力价格是公共产品供给体系中确定公民个人平均支付社会供给能力的单位价格，是公共产品供给体系的关键定价。

在计算应用中，根据公共产品的类别情况，如粮食、社会保险、教育、医疗等公共产品的社会供给能力价格可以选择平均价格进行取值，如公共基础设施可以按项目的集合价格进行取值。不论是按平均价格还是按集合价格进行取值，都需要科学合理地确定公共产品的测算边界。

社会供给能力价格由"直接能力价格""溢出能力价格""公共调剂价格"组成。

（1）直接能力价格

直接能力价格是指在公众承受能力范围内，公众可以通过个人付费方式直接计量和支付的价格。在实际中体现为公众成果统筹、捐献、消费、互联网共享平台方式的直接付费，如电费、水费、垃圾处理费、环卫费、社保费、高速公路费、网约车消费支付等。

直接能力价格是公共产品供给体系设计的基础和源头，是公共产品社会供给能力实现的优先原则，不仅可以通过市场化机制实现公共产品供给体系的效率，还能保持公民享用公共产品的自主责任意识，避免形成政府的刚性兑付陷阱。政府通过公共产品供给体系的直接能力价格，可以清晰地界定公共权力的职责和边界，行使政策导向、体系监督的职责，形成稳定的制度结构。例如，我国在电力、通信、自来水、收费高速公路、机场、码头、城市环卫等直接能力价格供给的公共产品领域，其供给机制非常成熟，政府在其中的边界非常清晰，效率优势也非常明显。

直接能力价格对促进供给体系生产机制的效率是正向的，直接供给能力越大，生产机制的效率驱动就越大。因为直接能力价格最易于进行量化测算和评估，从而使生产机制能够很好地通过成本的优化、技术的进步和管理的改进提升供给效率。即使是电力和通信领域，虽然在我国具有高垄断性，但是其效率和公平性其实比其他领域要明显得多。

（2）溢出能力价格

溢出能力价格是指公共产品生产机制的消费定价，它并不能反映出公众对公共产品消费后实际的社会供给能力，而是一种需要政府按税收的方式统一收取后，根据项目溢出能力从财政预算拨付到公共产品生产方的价格。例如，乘坐公共汽车，一票制价格为 2 元，月收入为 3000 元的 A 和月收入为 8000 元的 B 每天都坐公交车，他们支付的 2 元的票价是不足以满足公共汽车公司的运营定价的，但是政府可以根据 A 和 B 收入的不同，收取 A 和 B 在相关生产交易过程中的营业税、增值税和所得税，政府将税收收入通过公共预算补偿支付给公共汽车公司，这就形成了公交项目的溢出能力价格。

政府对市政基础设施不采用直接收取费用的方式，公共基础设施投资的核心作用在于为经济发展其他要素的聚焦提供稳定性和集合性，从而带来城市化的成果，政府通过城市化可以实现很好的税收来源集合和土地资源增值使用，形成财政收入。财政收入的一个重要组成来源就是公共基础设施的溢出能力。政府对这部分的溢出能力进行定价，拨付给公共基础设施的建设和运营单位，这就是公共基础设施的溢出能力价格。

公共产品的溢出能力价格是独立的、有边界的和可测算的，并不是所有的公共产品都存在溢出能力价格。粮食、衣物、住房等公共产品，直接由公民个人或家庭作为单位享有和消费，其溢出的能力价格为零；区域性的项目，如区域性的城市道路，其溢出的能力价格测算边界范围仅仅为本地覆盖的公民；全国性的交通枢纽、高速公路等，其溢出的能力价格可以通过人流量和人流的区域分布进行测算。当然，公共产品覆盖的范围越大，建立测算模型的难度会越大。

溢出能力价格对供给体系生产机制的效率也是正向的，生产机制会通过获得公共产品的溢出能力价格来提升自己的效率。因此，对于溢出能力价格比重明显的公共产品，要确保溢出能力价格对生产机制的促进，并尽可能地进行量化管理，这是保障供给体系生产机制效率的有效措施。溢出能力价格如果没有得到合理的测算、分析和评估，那么公共预算对公共产品的补贴和支付就不能以溢出能力为价格的标准，这一方面会造成公共预算的失衡，另一方面会造成生产机制效率的下降。例如，"十年树木、百年树人"，公众会误认为教育具有很强的溢出能力，造成很多国家盲目拨付教育预算，盲目地认为教育应由政府财政兜底，实行全面的义务教育化。事实上，教育缺失的负向作用非常明显，但是教育并不会完全产生正向的溢出能力。教育的溢出能力对于社会的进步是均衡的，其显著功能是保持个人知识与能力在社会进步发展中的均衡化，对人才教育培养的能力需要通过相应的社会环境和社会条件进行转化，教育投入再多也不会实现更多的溢出能力。因此，教育作为公众必需的公共产品，由公众按直接能力价格付费进行基础义务教育，或由公共预算按统一缴费的转移支付方式提供基础义务教育，两种方式对于供给体系效率的实现差别不大。无论是公众自行缴纳学费，还是政府支付公共预算，其实都来自公民个人的社会供给能力。政府把基础教育演化为义务教育，主要是为了体现一种更均等的公共价值，保持教育对公民的均衡是道义层面的，而非社会效率层面的。

教育作为社会进步竞争产品的生产机制，必须和作为公共产品的生产机制进行有效的识别和隔离。通过公共财政预算的投入，形成更具竞争力的教育优势，通过培养出的学生的能力来体现更好的直接能力价格或溢出能力价格，这已经脱离了公共产品的范畴。美国名列前茅的大学都是私立的，学生需要缴纳比公立大学更高的学费，学生通过其竞争力实现更好的溢出能力，如更高薪酬的工作、更好的职业发展等。混淆教育作为公共产品和社会竞争产品的边界，会误判教育的溢出能力价格。

（3）公共调剂价格

在精算的基础上，通过对局部或全部社会供给能力的直接能力或溢出能力的余额部分进行拨付，实现局部或阶段性公共产品的补足。

由于社会供给能力在空间或时间的分布上存在不均衡性，因此，局部性或阶段性存在直接能力或溢出能力的剩余，该剩余部分形成调剂能力，可用于公共产品供给能力价格的调节。公共调剂价格能够带动和促进社会的均衡发展。公共调剂价格存在不同的层面，包括公共产品供给周期的调剂价格和不同区域层次的调剂价格，这一般由公共权力和制度结构来决定。

公共基础设施领域的公共调剂价格：例如，修建一条从深圳到贵阳的高铁，深圳公共基础设施的溢出能力价格高于贵阳公共基础设施的溢出能力价格，中央财政通过税收的转移支付，实现对修建贵阳路段的高铁的社会供给能力的调剂，这就是公共调剂价格。

社会养老保险领域的公共调剂价格：国务院印发《国务院关于建立企业职工基本养老保险基金中央调剂制度的通知》（国发〔2018〕18 号），决定从 2018 年 7 月 1 日起实施养老保险基金中央调剂制度。随着我国人口老龄化加快发展、就业多样化以及经济发展不平衡等原因，地区间抚养比差距扩大，省际之间养老保险基金负担不平衡的问题越来越突出，依靠省级统筹难以解决，需要进一步在全国范围内对养老保险基金进行适度调剂，提高统筹层次。在不增加社会整体负担也不提高养老保险缴费比例的基础上，建立养老保险基金中央调剂制度来合理均衡地区之间的基金负担，既实现基金安全可持续和财政负担可控，又确保各地养老金按时足额发放。

公共调剂价格不会盲目产生，它来源于独立公共产品社会供给能力或区域综合公共产品社会供给能力的剩余，该部分必须经过严格的精算和评估，在实现局部或阶段性公共产品的补充之后，才能够形成公共供给能力或生产能力，对公共调剂价格支出进行回流和补足，确保公共产品供给体系的整体的循环平衡，否则会造成公共预算支出的亏损。

在直接能力价格和溢出能力价格合适的情况下，一般杜绝采用公共调剂价格。对脱离精准计算的公共调剂价格进行预算拨付，事实上属于公共预算的滥用。公共调剂价格是公共产品供给体系"表象公平"的来源，"表象公平"相对于"效率公正"而言，是一种基于表面公平或表象受益的心理平衡观。

由于政府需要民众的支持选票，民众乐于追求"表象公平"，所以政府一定程度上运用公共权力滥用公共调剂价格。例如，提供更多的养老保险金、免费医疗；更长周期的义务教育、学生免费午餐；免费节假日高速、公共厕所、旅游券；等等。滥用公共调剂价格使民众和公共权力之间相互被短期利益所绑架，导致社会的公共产品供给体系走向失衡和恶性循环。在此过程中，公民在公共意识中的自主责任意识持续弱化，一旦公共产品供给不足，就会出现民粹主义的泛滥和政权稳定性失衡。

6. 社会供给能力数量

社会供给能力数量是指以公共产品的社会供给能力价格单位为基准，公共产品可以实现的社会供给能力规模。

综合上述公共产品供给恒等式，我们可以将公共产品社会供给能力与生产能力定价测算恒等式演化为：

公共产品生产能力总额 ≈ 公共产品社会供给能力总额

社会生产能力价格 × 能力数量 ≈ 社会供给能力价格 × 能力数量 ≈（直接能力价格 + 溢出能力价格 + 公共调剂价格）× 能力数量

该公式的测算需要对人口变化、通货膨胀、利率、折现率等环境变量因素进行系统的考虑，从上述层面考虑进行的核算，在本书中不做具体表述。

（二）基础粮食的生产能力与社会供给能力匹配性分析

案例 1：大多数发达国家和发展中国家，公民消费支付能力和市场的粮食生产能力都处于均衡水平的情景

（1）社会供给能力价格构成

直接能力价格 = 市场消费价格

溢出能力价格 = 0（基础粮食为个人消费类公共产品，不存在溢出能力价格）

公共调剂价格 = 0（在供需平衡情况下，政府一般不进行调剂）

（2）计算公式

粮食生产能力总额 = 粮食社会供给能力总额

粮食生产能力价格 × 能力数量 A =（直接能力价格 + 溢

出能力价格＋公共调剂价格）×能力数量 B

粮食生产能力价格×能力数量 A ＝（粮食消费价格＋0＋

0）×能力数量 B

粮食生产能力价格×能力数量 A ＝粮食消费价格×能力
数量 B

（3）粮食供给体系匹配性评估标准

- 价格匹配：生产能力价格＝消费价格。

- 当期能力数量匹配：生产能力数量 A ＝消费能力数
  量 B。

（4）供给体系管理问题与策略

- 公共需求：基础的食物生存需求。

- 社会供给能力路径：消费。

- 生产机制：市场机制。

- 制度结构：制度结构效力弱，政府进行适度的监管，
  以生产能力价格为基准，保持消费价格在适当的范围
  内波动。

- 公共信用：由于粮食属于高频次消费产品，公共信用
  为即时信用（一手交钱、一手交货），不需要建立公
  共信用跟踪和信用记录系统。

- 公共意识：遵循市场机制的自主责任意识。

**案例 2：粮食生产与社会供给能力双边不足，政府实行
全面的粮食配给的情景**

（1）社会供给能力价格构成

直接能力价格＝0

溢出能力价格＝0

公共调剂价格＝政府配给价格

（2）计算公式

粮食生产能力总额＝粮食社会供给能力总额

粮食生产能力价格×能力数量A＝（直接能力价格＋溢出能力价格＋公共调剂价格）×能力数量B

粮食生产能力价格×能力数量A＝（0＋0＋政府配给价格）×能力数量B

粮食生产能力价格×能力数量A＝政府配给价格×能力数量B

（3）粮食供给体系匹配性评估标准

- 价格匹配：生产能力价格＝政府配给价格。

- 当期能力数量匹配：生产能力数量A＝政府配给数量B。

（4）供给体系管理问题与策略

- 公共需求：基础的食物生存需求。

- 社会供给能力路径：消费或配给。

- 生产机制：政府设立专门的部门进行管制。在此情形下，如果采用市场机制，生产机制的价格会变为需求导向的定价机制，导致粮食物价飞涨。

- 制度结构：制度结构效力强，政府进行生产机制和社会供给能力的双向强监管，保持公共产品供给的稳定。
- 公共信用：政府会建立适度的监管信用，保持配给的信用记录。
- 公共意识：自主责任意识弱，公共意识逐渐导向为政府依赖和刚性兑付。

案例3：需求饱和，粮食生产利润低于社会平均利润，生产机制动力不足

（1）社会供给能力价格构成

直接能力价格＝粮食消费价格

溢出能力价格＝0

公共调剂价格＝政府给予适度的税费减免或者财政补贴

（2）计算公式

粮食生产能力总额＝粮食社会供给能力总额

粮食生产能力价格×能力数量A＝（直接能力价格＋溢出能力价格＋公共调剂价格）×能力数量B

粮食生产能力价格×能力数量A＝（粮食消费价格＋0＋税费减免或者财政补贴价格）×能力数量B

粮食生产能力价格×能力数量A＝（粮食消费价格＋税费减免或者财政补贴价格）×能力数量B

（3）粮食供给体系匹配性评估标准

- 价格匹配：生产能力价格＝粮食消费价格＋税费减免

或者财政补贴价格。

• 当期能力数量匹配：生产数量 A ＝ 消费数量 B。

生产机制价格和社会供给能力价格的匹配性由市场机制主导，政府给予适度的税费减免或者财政补贴。如果税费减免或财政补贴的力度不足，公共调剂就无法达到目的；如果税费减免或财政补贴适度或过大，就会导致生产机制对公共调剂价格的依赖或过度依赖。

（4）供给体系管理问题与策略

• 公共需求：基础的食物生存需求。

• 社会供给能力路径：消费。

• 生产机制：市场机制。

• 制度结构：市场调节机制效率强，制度结构效力弱。受供需关系的市场波动影响，政府的公共调剂价格政策会长期摇摆，制度结构稳定性趋弱。

• 公共信用：政府会建立适度的监管信用，保持公共调剂价格的信用记录。

• 公共意识：公共调剂价格受益方自主责任意识弱，公共意识逐渐导向为政府依赖和刚性兑付。

案例 4：国家公共安全储备粮食

（1）社会供给能力价格构成

直接能力价格 ＝ 0

溢出能力价格 ＝ 0

公共调剂价格＝政府采购价格

（2）计算公式

粮食生产能力总额＝粮食社会供给能力总额

粮食生产能力价格×能力数量 A ＝（直接能力价格＋溢出能力价格＋公共调剂价格）×能力数量 B

粮食生产能力价格×能力数量 A ＝（0＋0＋政府采购价格）×能力数量 B

粮食生产能力价格×能力数量 A ＝政府采购价格×能力数量 B

（3）粮食供给体系匹配性评估标准

• 价格匹配：生产能力价格＝政府采购价格。

• 当期能力数量匹配：生产能力数量 A ＝政府采购数量 B。

生产机制价格由政府按采购方式定价，再由公共预算进行支付。由于受到粮食保质期的影响，在粮食保质期限到期前，政府对储备粮食进行销售，把储备粮食变为市场机制的粮食，回收公共预算支出，保持公共安全储备粮食的社会供给能力和生产能力平衡，保持公共预算的平衡。同时，预防采购价格与储备粮食销售之间形成利益寻租化的价格差，预防贪腐。

（4）供给体系管理问题与策略

• 公共需求：基础的食物生存需求。

• 社会供给能力路径：纳税。

• 生产机制：政府设立的专业部门。

- 制度结构：供给关系不受市场机制影响；制度结构效力强；制度结构稳定性强。
- 公共信用：政府会建立适度的监管信用，保持公共调剂价格的信用记录。
- 公共意识：公民从公共安全角度形成公共意识。

（三）社会养老保险的生产能力与社会供给能力匹配性分析

社会养老保险属于公民所需的公共产品之一，在我国由政府统一设立的社会保险基金机制和商业保险公司的养老保险基金两种机制组成。我国的政府统一的社会保险基金机制具有强制性。

案例1：政府社会养老保险基金的生产能力与社会供给能力匹配性分析

（1）政府提供的社会养老保险公共产品的社会供给能力价格构成

直接能力价格＝个人缴纳的养老金保险费用

溢出能力价格＝养老基金投资收益价格

公共调剂价格＝根据养老基金实际运行精算价格

（2）计算公式

生产能力价格×能力数量 A ＝（直接能力价格＋溢出能力价格＋公共调剂价格）×能力数量 B

养老金享有价格×能力数量 A ＝（保费价格＋投资收益价格＋公共调剂价格）×能力数量 B

（人均养老金支出金额×能力数量×年限 A）＋机构运行年度费用×年限＝（保费价格＋投资收益价格＋公共调剂价格）×能力数量×年限 B

把机构运行费用简化或忽略，其公式为：

人均养老金支出金额×能力数量×年限 A ＝（保费价格＋投资收益价格＋公共调剂价格）×能力数量×年限 B

养老保险基金的管理，对于各国政府都是一个难题，大部分国家实际的养老金生产机制和社会供给能力无法匹配。问题的本质在于政府养老保险产品从设计之初，没有按照上述恒等式进行平衡测算管理，公式两端的政策结构在一定程度上是独立的，难以形成等式关系。

养老保险产品的生产能力总额＝人均养老金支出金额×能力数量×年限 A

其准确性受到以下（不限于）多个变量因子的制约。

• 人口老化的速度和数量出现跨代际的变化。

• 养老金在不同时期对应的经济生活水平发生变化。

• 人口退休后的生命期限的不确定性，更多的是人的寿命越来越长。

• 不同历史阶段的政治承诺代替了精准的测算。

• 历史政策下的养老保险产品的支付影响。

- 在我国双轨制的养老金人口增量变化。

养老保险产品的社会供给能力总额 = （保费价格 + 投资收益价格 + 公共调剂价格）×能力数量×年限 B

其准确性受到以下（不限于）多个变量因子的制约。

- 个人缴纳的保费的取值非标准化：个人缴纳的养老金保险费用额度根据收入水平的变化而变化。社会上很大一部分人，在自参加工作后 10 年左右的时间，养老金的缴纳额度并不均衡。个人缴纳养老金保险期限也存在不断的变化。

- 养老金的投资收益价格没有得到合适与充分的实现：由于我国 20 年以上资产投资领域的发展并不充分，缺乏长期稳定的投资市场，养老金普遍投放不足；短期市场的投资，容易加剧养老金投资收益价格的不确定性。

- 养老保险的公共调剂价格根据养老基金实际运行精算价格来确定，利用不同阶段的期间余额或区域余额进行相互调剂拨付，但是事实上大多数政府为了避免养老金支付的不足，都由政府预算对当年度不足部分进行补助。这样，在短期内政府预算的拨付掩盖了养老金管理供给体系的不平衡性，导致了持续的公共预算对养老金产品支付的亏空。

（3）供给体系管理问题与策略

- 供给资金缺乏精算结构：政府提供的养老保险社会供

给能力和个人享有的养老保险金，按照资金池方式进行运作，缺乏精确的——对应测算大数据集合的基础，由于人口规模、期限、区域等因素产生的变量值缺乏有效的精算和数据跟踪，因此每次政策结构的调整也充满非精确性。

- 制度结构：政府养老保险机制由于政府设立了专业的部门对其进行管理，所以制度结构比较稳定。但是由于对养老金供给体系缺乏有效的管理，养老金无法持续平衡，制度结构又不得不进行调整，缺乏长期的稳定性。

- 公共信用：由于政府养老保险机制具备成熟的供给循环体系，公民缴纳社会保险的记录被客观地进行记录，形成了有效的公共信用记录。所以，个人缴纳社会养老保险的信用可以被广泛用作个人征信的关键依据。

- 公共意识：独立透明的公共产品供给循环体系，能够清楚地界定和识别每个人的社会供给能力的义务和享有公共产品的权利。所以，公民在养老保险领域的公共意识强于社会其他的公共产品领域。

案例2：商业保险公司养老保险基金的生产能力与社会供给能力匹配性分析

（1）社会供给能力价格构成

直接能力价格＝个人缴纳的养老金保险费用

溢出能力价格＝养老基金投资收益价格

公共调剂价格＝供给资金——对应后精算基础上的调剂

（2）计算公式

人均养老金支出金额×能力数量×年限 A ＝（保费价格＋投资收益价格＋公共调剂价格）×能力数量×年限 B

养老保险产品的生产能力总额＝人均养老金支出金额×能力数量×年限 A

其准确性来源于以下几点。

- 根据期限，有明确的养老金享有价格。
- 总价格在个人缴纳保费总额的101%～103%，也就是年化收益1%～3%，准确地控制在养老基金溢出能力价格的范围内（保险公司目前养老金年化投资收益4.5%～8.5%）。
- 对人口退休后的生命期限的不确定性，通过精算，用养老金的溢出价格能力和剩余价格能力进行公共调剂。通过一一对应的产品管理，不会形成干扰因素。

养老保险产品的社会供给能力总额＝（保费价格＋投资收益价格＋公共调剂价格）×能力数量×年限 B

其准确性来源于以下几点。

- 个人有明确的缴纳保费的金额和期限，合约期内不得进行调整和改变。
- 溢出能力价格由精确的投资控制能力管理。
- 对公共调剂价格，经过精算和严格控制。

（3）供给体系管理问题与策略

- 制度结构：制度结构非常稳定。

- 公共信用：社会供给能力（缴纳保费）和生产机制能力（享有养老金）通过合约和保单进行固化，形成稳定的公共信用记录，而且这个公共信用记录权利关系和权利内容都非常精确，所以保单可以形成新的金融产品。

- 公共意识：独立、透明、精准的公共产品供给循环体系和供给体系管理，能够超越国家和区域限制，形成全球化的养老保险公共产品服务。

解码地方政府性债务

一、公共基础设施的经济循环

（一）公共基础设施的核心作用

美国经济学家德怀特·H. 波金斯（Dwight H. Perkins）、斯蒂芬·拉德勒（Steven Radelet）和戴维·L. 林道尔（David L. Lindaure）在《发展经济学》（第六版）（*Economics of Development*）一书中认为，"经济增长依靠两个基本过程：一是要素积累，指资本存量规模或劳动力的增加，其中包括公共基础设施、信息通信基础能力、电力和工具等；二是在此基础上社会生产率的提高。"这一理论得到广泛的认同。

现代社会之所以能够快速发展，主要是因为通过城市化的连接，飞跃地提升了社会的生产效率，其进步与其说得益于几次工业革命，不如说得益于城市化革命。

大部分经济增长迅速的城市都具备一个共同的特性：拥有良好的公共基础设施。该领域的投资由政府直接投资先决性完成，随之由其他投资主体完成信息通信系统、电力系统、自来水系统、能源燃气、医疗卫生、教育服务等公共基础设施建设。具备良好教育水平的劳动力资源和经济资源开始往基础设施完善的城市聚集，实现经济发展的所有要素积累。因为公共基础设施具有非流动性，所以能够将流动性的要素进行聚集和锁定，为实现生产效率的提高提供空间上的可能性。公共基础设施是其他要素积累的基础，其核心作用在于为经济发展其他要素的聚焦提供稳定性和集合性。

近代西方国家的发展是随着城市化的进程而加速的，中国则以西方为标杆，依托行政力量和经济发展过程主动地、有计划地、有目的地实现城市化。中国的经济能够保持强劲的增长前驱力，主要得益于中国的各级政府把公共基础设施建设放在先决性的重要位置。

城市之间的竞争，首先是公共基础设施要素能力的竞争。例如，教育能够为经济增长和国家富强提供优质的劳动力资源。但是劳动力资源具有流动性，一个拥有良好的公共基础设施的城市能够吸引优质劳动力资源的聚集。比如深圳，虽然这个城市的医疗和教育软件配套存在问题，但它仍然凭借良好的公共基础设施形成要素积累优势，吸引北京、上海、武汉、长沙、西安、重庆等地的优质劳动力资源向其流动。公共基础设施形成的要素积累为社会生产单位和生产者提供了更便捷的交通运输、更高效的信息沟通、更丰富的金融资源等，不仅降低了生产力成本，还获得了更大的市场扩张和更高的收入，实现社会生产力的提升，从而获得经济的增长和社会的发展。

在一定的临界值范围内，公共基础设施与经济增长具有正向循环作用。但由于数据的多维性和复杂性，目前并未建立精确的模型对公共基础设施的正向作用进行测算、分析、评估和控制。比如，政府修建了一条市政道路，道路沿线会聚集很多生产单位和个体，它的投资、产业形态、生产效率、经济贡献值都存在复杂性和变化性。即便是聚集形态标准化的各种经济开发区、产业园、产业聚集区，其公共基础设施的投资与经济增长的变化都难以测算。当然，公共基础设施的正向作用是在一定的临界值范围内，比如，俄罗斯远东地区的公共基础设施在人口退化的环境下不断地走向衰败；我国个别地方的公共基础设施投资也沦为"鬼城"。但这些是公共基础设施能力失效的极端案例，很容易被人们察觉。其实拥有剩余的、超前的公共基础设施的城市比比皆是，公共基础设施需要进行一定的超前投资，但是不同的城市根据经济发展的速度，加上公共基础设施的折旧系数，可能存在一个需要趋向精确的计算值。很多经济学家试图通过模型对公共基础设施的正向作用进行测算和分析，从而能够为政府决策提供依据，但是目前的这些测算模型采用的是历史数据样本，相较于整个社会发展过于片面化，形成的结论不具备共性。另外，由于测算模型的复杂性，导致模型没有得到良好的推广和应用。

（二）公共基础设施的社会供给能力

公共基础设施属于公共产品，虽然其投资具有一定的先行性，但是大规模的公共产品生产能力仍然需要社会供给能力来满足。众所周知，公共基础设施投融资项目的规模小到几十万元，大到上千亿元，都会出具一份投资收益核算的分析报告，但会存在分析报告难以自圆其说的现象，公共基础设施只有在其集合中才能发挥作用，单一的公共基础设施难以形成有效的溢出能力，因此单一测算某公共基础设施的投资收益具有很大的缺失性，如道路的车流量、人流量测算，并不足以支持道路本身的溢出能力的评估。因此，分析公共基础设施投资带来的社会供给能力，必须从一个区域或一个城市集合性角度入手。

从图2.1可以看出，公共基础设施投资效益有很多，包括人力资本的聚集、产业结构的提升与优化、社会开发度的增加、物流与通信的强化、资源集聚和物质保障的增强等。这些要素的成果边界可以归纳为两类："社会生产力的发展"和"资源的增值"。从图2.2可以看出，社会生产力的发展和资源的增值形成社会供给能力，公民个人或法人通过使用者直接付费、纳税、资源有偿使用的方式形成社会供给能力，再输入公共基础设施的生产机制。

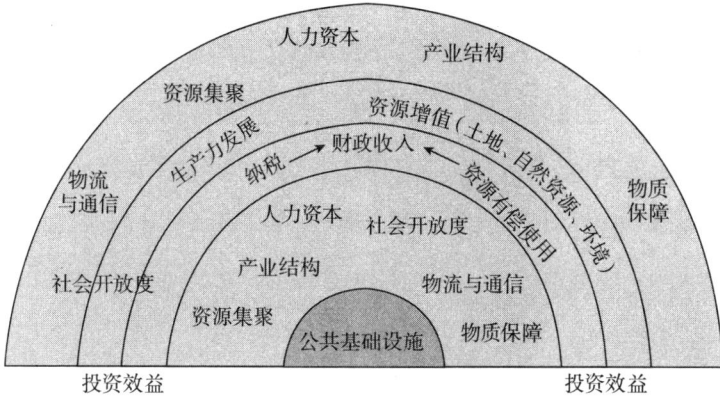

图 2.1　公共基础设施社会供给能力与边界

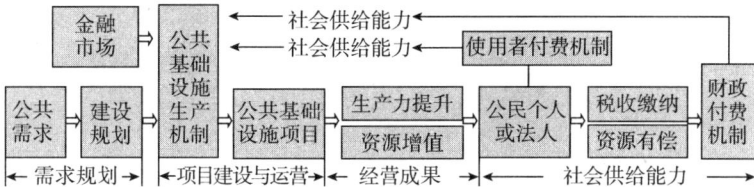

图 2.2　公共基础设施的生产机制与社会供给能力

（三）公共基础设施的供给体系

如图 2.3 所示，在公共权力和制度结构下，依据公共需求和建设规划，公共基础设施生产机制（政府设立的专业部门、政府特许经营机制、完全的市场机制、政府与社会资本合作机制）结合公共信用对接金融市场，并获得资金，实施公共基础设施的项目投资建设与运营。公共基础设施通过投资效应实现其投资成果：社会生产力的提升和相关资源的增值。公民个人或法人通过使用者付费机制（直接能力价格）或缴纳税收和资源的有偿使用形成财政能力（溢出能力价格），完成公共基础设施的社会供给能力。

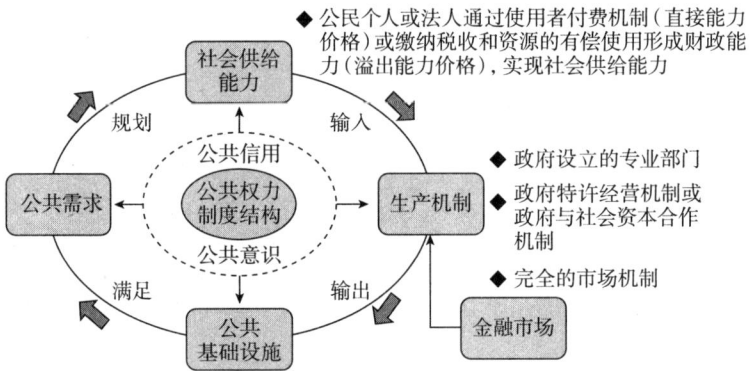

图2.3 公共基础设施供给体系

（四）公共基础设施的经营内涵

目前的公共基础设施理论以经营性基础设施、准经营性基础设施、非经营性基础设施来划分类别。完全通过使用者直接付费是经营性基础设施；部分通过使用者来付费，剩余部分通过政府付费的是准经营性基础设施；完全通过政府付费的是公益性基础设施，也就是非经营性基础设施。正是因为这种分类方式，现行的公共基础设施投资和运营掉入了"黑洞"。事实上，城市大部分的基础设施并非由使用者直接付费，而是通过政府付费，那么政府付费的资金从何而来？很显然，答案是尴尬的。目前，我国的公共基础设施存在的困境是大量准经营性基础设施和非经营性基础设施，它们正在成为公共财政的"黑洞"，不断吞噬公共预算，导致负债累累。其本质问题在于，我们一直忽略了公共基础设施的经营内涵。

从图2.4能够清楚地看到，公共基础设施的经营内涵在于通过公共基础设施的投资和运营，提高经济发展其他要素聚焦的稳定性和集合性，带来生产力的有效提升和资源增值，使公共基础设施能够获得更高的社会供给能力（使用者付费、税收缴纳、资源有偿使用），实现公共基础设施生产机制与社会供给能力的平衡，并获得更大的收益。

我们必须围绕公共基础设施的社会供给能力来评估、分析和开展公共基础设施的经营活动，否则政府有什么理由要拨付大量的公共预算去投资没有价值的东西呢？

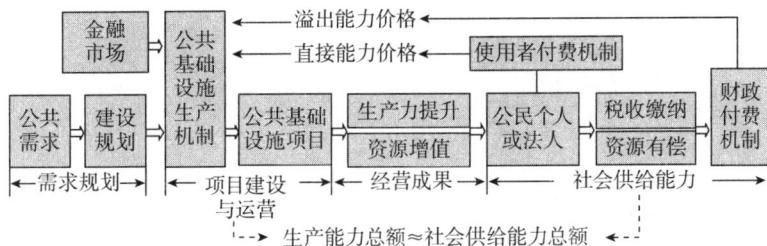

图2.4 公共基础设施的经营内涵

二、供给体系的测算与评估

在公共基础设施的经营内涵的推演基础上，精准合适地平衡公共基础设施生产机制总额与生产能力总额，以此作为评估公共基础设施供给体系的核心指标。公共产品供给体系中社会供给能力与生产机制的匹配性、独立性和市场性越强，其提供的公共产品的系统能力就越稳定，公共需求的满足程度就越高，公共权力和制度结构就越稳定，社会的公共信用和公共意识对系统循环的作用力就越高。接下来，就以公共产品供给体系恒等式为核心，构建公共基础设施社会供给体系的评估逻辑和方法。

（一）公共基础设施供给体系恒等式

公共基础设施供给体系恒等式：

生产能力总额 ≈ 社会供给能力总额

我们根据公共基础设施能力数量和使用期限（折旧期限）的特征，把公式分解为：

生产能力价格×平均能力数量×期限≈社会供给能力价格×平均能力数量×期限

公共基础设施一般都是有形的实体建筑，因此其生产能力价格和社会供给能力价格可以进行匹配性测算。

生产能力数量是指以公共基础设施的生产能力价格单位为基准，公共基础设施可以实现的公共需求供给规模，一般由"能力数量保本值"和"能力数量满负荷值"两个值组成区间。在具体核算中，这两个值都会采用平均值或统计值，如年用电量、月网络流量、月车流量等，该数量会随着社会和城市的发展变化而变化。

期限是公共基础设施的一个重要要素特征，指公共基础设施的公共服务提供有效的时间长度，一般等于公共基础设施的能力寿命期限。由于公共基础设施存续期间能够为其范围内的人口提供公共基础设施的公共产品价值和功能，因此，公共基础设施的使用期限等同于公共基础设施的折旧期限。折旧是一个会计概念，同时也是一个对设施功能有效性评估的物理概念。公共基础设施的折旧期限一般应该与其能力寿命期限相当，一般区间值在 20～50 年。

1. 公共基础设施生产能力价格的构成

生产能力价格 = 公共基础设施建设成本 + 运营成本 + 运营与建设的适当利润

公共基础设施项目的生产能力

= 基础设施项目建设成本 + 维护成本 + 适当利润

= （基础设施项目年度折旧陈本 + 年度维护成本 + 年度利润）×平均能力数量×折旧期限

公共基础设施项目的生产能力价格体现为项目年度折旧费用、年度维护成本、年度利润三者之和。

2. 公共基础设施社会供给能力价格构成

直接能力价格 = 公民个人的直接付费

部分公共基础设施，可以采用公民个人直接或间接付费的方式，如收费的高速公路、地铁的票价、污水处理费、自来水费、电费、通信费等。

溢出能力价格 = 部分的公共财政预算

社会生产力的发展是通过纳税形成财政收入的来源；资源的增值（包括土地资源、自然资源、环境资源等）通过有偿使用形成财政收入的来源。公共基础设施的溢出能力价格体现在公共财政预算资金之中。

公共调剂价格 = 0

由于公共基础设施社会供给能力存在空间或时间的分布不均衡性，局部性或阶段性存在直接能力或溢出能力的剩余，该剩余形成了公共调剂价格。公共基础设施的溢出能力价格体现为公共财政能力，公共调剂价格也体现为公共财政能力，两者在财政预算中的边界难以区分。对于按照区域分税制的国家或地区，可以根据区域的人口、公共基础设施的规模、财政税收的指标，来测算公共基础设施中直接能力价格和溢出能力价格的剩余，确定公共调剂价格。比如，我国主要税种为中央集中税制，地方公共基础设施投资和产业投资的溢出能力大部分上交中央财政，为统一的公共调剂价格的来源，因为我国的公共基础设施规模和人口高速流动都已经在临界点上，目前阶段很难产生直接能力价格和溢出能力价格的剩余。所以在此情况下，我国的公共调剂价格可以归入溢出能力价格统一进行测算，公共调剂价格值设定为0。

3. 社会供给能力数量

社会供给能力数量是以公共基础设施的社会供给能力价格单位为基准，实现社会供给能力的规模。

公共基础设施生产能力数量能否与社会供给能力数量相互匹配，是公共基础设施供给体系平衡的一个关键指标。在公共基础设施折旧期限内，会出现以下三种情况。

（1）社会供给能力累计数量＜生产能力数量的保本累计值

这表明，在公共基础设施折旧期限内，该公共基础设施设计的最低保本能力数量已经超出了其累计的公共需求，存在生产机制能力的浪费。

（2）生产能力数量的保本累计值＜社会供给能力累计数量≤生产能力数量满负荷累计值

这表明，在公共基础设施折旧期限内，该公共基础设施的生产能力数量和社会供给能力数量是匹配的。

（3）生产能力数量满负荷累计值 ≤ 社会供给能力累计数量

这表明，在公共基础设施折旧期限内，该公共基础设施的生产能力数量是无法满足需求的。

4. 公共基础设施的社会供给能力方式分类

根据公共基础设施直接能力价格和溢出能力价格之间的关系，可以把公共基础设施分为四类。

（1）没有溢出能力价格

社会供给能力完全由直接能力价格构成的公共基础设施，如生活用水设施系统、生活用燃气系统、体育场馆、生活污水处理厂、生活垃圾处理厂、公共厕所等人类社会生活消费或消耗处理的公共基础设施。

（2）具有溢出能力价格，但是可以忽略溢出价格

社会供给能力由直接能力价格覆盖，甚至超过生产能力价格的公共基础设施。主要采取使用者直接付费直接能力价格的定价形式，如电力设施系统、通信设施系统、高流量的收费高速公路等。这类公共基础设施会对社会形成很高的溢出能力，带来生产力的发展和资源的增值，实现财政收入的增长。例如，我国长三角、珠三角、京津冀地区的电力设施系统丰富、通信设施系统丰富、高流量的高速公路分布最广，使这些地区成为社会生产力发达、土地资源价格高的地区。

该类公共基础设施的溢出能力，能够全部转化为社会供给能力的剩余，成为公共调剂价格来源。

（3）社会供给能力由直接能力价格和溢出能力价格联合构成

这类公共基础设施必须考虑溢出能力价格，否则其投资回报难以合理测算，如大部分的收费高速公路、机场、交通枢纽等。

（4）完全由溢出能力价格构成

由于公共基础设施使用的广泛性和高频性，直接能力价格难以测算，无法采用使用者付费，社会供给能力完全由溢出能力价格构成。此类情况占的比例最大，包括市政交通道路、公园、广场、桥梁等。

（二）公共基础设施生产能力与社会供给能力匹配性测算与管理分析

根据公共基础设施社会供给能力组成方式的分类情况，对各类公共基础设施的供给体系进行测算和分析。

1. 社会供给能力完全由直接能力价格构成的公共基础设施匹配性测算与管理分析

该类公共基础设施供给体系恒等式的分解公式：

生产能力价格×能力数量×期限 A ≈ 直接能力价格 ×能力数量×期限 B

该类公共基础设施社会供给能力定价公式：

年度直接能力价格＝项目的年度折旧成本＋年度运营成本＋年度适当利润

该类公共基础设施主要用于人类生活消费或消耗，不会产生溢出能力，通过使用者付费方式实现社会供给能力的提供最为直接和精确。对该类公共基础设施采用溢出能力价格或公共调剂价格形成的财政预算进行投资或运营，会造成公共预算的亏空。例如，为赛事修建高规格体育场馆，使大规模的体育场馆的能力数量远远超过人们日常运动的能力数量规模，建设运营成本也远远超过了日常使用体育场馆愿意支付的社会供给能力。基于这两项不匹配性，大型的体育场馆在全球范围内普遍存在亏损，甚至是各个城市公共财政的噩梦。所以，体育场馆的修建应考虑到其能力价格和能力数量的匹配性。

目前，我国很多污水处理厂、垃圾处理厂需要公共预算资金进行补贴，本质上是由于使用者付费的定价不足或社会供给能力数量不足造成的，理论上，公共预算不需要对这类公共基础设施项目进行支付。很多污水处理厂或垃圾处理厂项目建设方需要政府保证最低的能力数量，其要求是合理的，但是双方往往对能力数量的判断过于乐观，造成政府预算的无限期补贴。

随着社会公共财富的增加，大多数公共厕所取消了收费，是因为公共厕所的设施投资和运营可以达到忽略不计的程度，但本质上公共厕所是不会产生任何溢出能力的公共预算，所以公共厕所采用使用者付费机制更为合理。

2. 社会供给能力设定由直接能力价格构成的公共基础设施匹配性测算与管理分析

该类公共基础设施供给体系恒等式的分解公式：

生产能力价格×能力数量×期限 A ＝直接能力价格 ×能力数量×期限 B

该类公共基础设施社会供给能力定价公式：

年度直接能力价格＝项目的年度折旧成本＋年度运营成本＋年度适当利润

这类公共基础设施由设定的直接能力价格实现生产能力的价格，同时会对社会形成很高的溢出能力，带来生产力的发展和资源的增值，实现财政收入的增长。例如，我国长三角、珠三角、京津冀地区由于此类公共基础设施丰富，就成为社会生产力发达、土地资源价格高的地区。

该类公共基础设施的溢出能力能够全部转化为社会供给能力的剩余，成为公共调剂价格来源。

（1）生产机制：完全市场化的特许经营机制。

这类公共基础设施，有些原来是政府设立的专业部门，有些是标准的特许经营项目，有些则一开始就是市场机制，最终它们都演化为完全市场化的特许经营项目。比如，我国的电话、移动网络、电力、发达地区的高速公路，在市场竞争程度上仍然保留特许经营的特征，但实质上已经转化为市场机制项目，供给双方按照市场机制进行定价和核算收益，政府只是保留适当的价格单项监管权，即生产能力价格与公众直接能力价格的支付水平相适应，达到保持公共产品的公共需求属性。各级政府应该鼓励特许经营方通过技术的进步和管理的改善，以此来降低成本，提高绩效和收益，推动行业进步，如我国通信和电力行业近些年获得了快速的发展。

（2）制度结构：该类公共基础设施供给体系制度结构比较稳定，供需关系和价格关系也比较稳定。

（3）公共信用：由于社会供给能力和生产机制量化可控、需求刚性，因此该领域的公共基础设施的公共信用基础好，支持的金融产品丰富，债务规模适中，金融风险小。

3. 由直接能力价格和溢出能力价格联合构成的公共基础设施匹配性测算与管理分析

该类公共基础设施供给体系恒等式的分解公式：

生产能力价格×能力数量×期限 A =（直接能力价格 + 溢出能力价格）×能力数量×期限 B

该类公共基础设施社会供给能力定价公式：

直接能力价格 + 溢出能力价格 = 项目的年度折旧成本 + 年度运营成本 + 年度适当利润

部分公共基础设施的直接消费定价，并不能反映公众对公共产品消费后实际的社会供给能力，需要政府按税收的方式统一收取后，根据项目溢出能力从财政预算拨付给公共产品生产方。

公共基础设施的溢出能力价格是独立的、有边界和可测算的，区域性的公共基础设施，如区域的城市道路，其溢出的能力价格测算边界范围仅仅为本地覆盖的公民；全国性的交通枢纽、高速公路等，其溢出的能力价格可以通过人流量和人流的区域分布进行测算。当然，公共产品覆盖的范围越大，测算模型的建立难度会越复杂。该类公共基础设施的投资测算难度高，因为能力数量不平衡和直接能力价格受制于公共产品的价格水平，如我国高速公路平均每公里的收费标准是0.4~0.7元，假设社会供给能力数量不足，将每公里的收费标准调整到1.5元，显然公众不会按此价格进行支付，因此必须对该类公共基础设施生产能力数量和社会供给能力数量进行精确的评估和测算，以合理的差异确定直接供给能力价格，这是核算其溢出能力价格的基础。目前我国仅有全国统一的高速公路收费价格，没有核算各地的差异，这也是导致高速公路供给失衡的原因之一。

而一部分高速公路或城市道路，片面追求建设规模，过于乐观地评估社会供给能力数量的增长，结果造成了生产能力数量的绝对剩余。在这个明显错配的基础上，核算其溢出能力的需求是没有意义的。

由于公共产品的溢出能力价格是独立的、有边界的和可测算的，因此在没有进行测算的前提下，用公共预算对项目进行补贴和支付，会造成公共预算的失衡。

现阶段，由于对溢出能力价格缺乏精准的测算，该类公共基础设施的管理存在普遍性问题，体系存在普遍不平衡。

（1）直接能力价格定价偏低

政府采用溢出能力价格覆盖生产能力价格，导致直接能力价格定价偏低。

由政府统一收缴间接付费的特许经营项目，在没有进行充分市场评估的基础上，已经先期形成了收费标准的惯例，如水费、垃圾处理费、污水处理费等费用由政府按惯例进行预定价，这使直接能力价格的定价偏低。地方政府为了保障项目的建设运行，往往采用溢价能力的补偿方式，拨付公共预算对特许经营方进行价格补偿，这样就会造成大量的公共基础设施项目生产机制成本定价缺乏科学性，形成预算支出"黑洞"。

（2）实际全部的溢出能力价格没有完全体现

把公共产品最为直接明显的溢出能力价格作为公共产品供给能力定价的组成部分，忽略了实际全部的溢出能力价格。

例如，修建地铁，会把周边的土地使用权和物业补偿给地铁公司，作为地铁建设运营的收入来源。这种方式对于直接溢出能力价格非常高的地区是有效的，如香港和深圳的地铁，能够实现地铁建设运营成本的覆盖。但是地铁建设运营的实际成本和收益并没有得到完全合理的体现，所以这种补偿方式在其他城市没有推广价值。

（3）盲目的财政补贴

对没有溢出能力的公共基础设施项目进行财政预算补贴，形成预算亏空。

对自来水、污水处理、垃圾处理等用于日常生活消费或消耗，又没有溢出价格能力的公共基础设施项目进行财政预算补贴，造成公共基础设施项目建设运营成本核算的失衡和财政预算的亏空。例如，垃圾处理项目，仅对处理厂周围覆盖的居民需要通过缴费的方式进行供给能力支付，对所在区域以及区域外的居民不会产生供给能力溢价，如果直接能力价格不能支持项目建设与运营，那么一定是直接能力价格定价偏低，需要重新定价。

（4）缺乏精确测算

关于该类公共基础设施的溢出能力价格，其财政预算支付的年度金额和期限没有得到精确计算，有些前期年度金额过大，期限短，造成财政资金周期性杠杆；有些项目期限不足，没有按照项目实际运营期限进行设定，造成项目无法实施。

大部分公共基础设施特许经营项目和政府与社会资本合作项目是由直接能力价格和溢出能力价格组成的。公共基础设施的项目建设和运营按照成本导向定价法，其生产能力价格是固定的、可测算的。如果从项目成本出发，对直接能力价格和溢出能力价格进行精确测算，这才是项目成功的可靠保证。

政府与社会资本合作项目的物有所值论证是对公共基础设施项目溢出能力价格计算方向的尝试，其财政承受能力论证是对项目溢出能力——财政收支边界计算方向的探索，但是这两个论证的逻辑较为初级。

4. 由溢出能力价格完全覆盖生产能力价格的公共基础设施

生产能力价格 × 能力数量 × 期限 A ＝溢出能力价格 × 能力数量 × 期限 B

该类公共基础设施社会供给能力定价公式：

溢出能力价格 ＝项目的年度折旧成本 ＋年度运营成本 ＋年度适当利润

大部分的公共基础设施因其利用频率高、公众需求面向性广，不适合以直接收费或缴费的方式形成社会供给能力，如城市道路、公园等，其社会供给能力价格全部体现为溢出能力价格，其溢出能力价格等于生产能力价格，其项目折旧期限等于溢出能力价格的实际支付期限。

显然，我国现行公共基础设施的政策对此没有做出清晰的定义和规范，对溢出能力缺乏边界测算和管理，只是通过任意拨付预算或举借债务进行投资解决，造成公共预算规模性的负债和亏空。当公共财政形成压力的时候，就采取禁止预算支付公共基础设施项目建设，又造成项目无法实施或无法持续。

我国该类公共基础设施供给体系的投资和管理，需要重新确定公式中的两个边界值。

（1）科学合理确定期限值

公共基础设施生产能力期限为 30 年左右的使用期限和折旧期限，而供给能力则普遍按照 3～10 年融资合同的金融需求进行定价。造成地方政府的公共预算按 3～10 年的期限集中性还本付息，偿付周期被成倍压缩，当期债务率被成倍放大。为保持价格的平衡，公共基础设施的生产能力期限和社会供给能力期限必须保持一致。

（2）精准确定溢出能力价格

公共基础设施投资的核心作用在于奠定经济发展其他要素聚集的稳定性和集合性，公共基础设施溢出能力是社会生产力的提升和相关资源（土地资源、自然资源和环境资源）的增值利用。我国目前对公共基础设施投资若按照独立项目进行核算，会对公共基础设施的溢出能力价格集合边界缺乏合理计算，因此需要找到公共基础设施规模与城市经济发展水平和地方政府财政能力可持续发展的测算边界与评估方法。

（三）城市公共基础设施与社会供给能力合适性测算

1. 存量公共基础设施负债率测算

政府债务率是一个把政府进行商业主体化的债务概念，

通常用年末债务余额与当年政府综合财力的比率，相当于企业的年末债务余额与当年企业综合收入的比率。政府和企业有本质区别，如果政府债务余额是用于其本身的日常运营，那么这个可以用商业主体的概念来定义政府的负债率，如果政府是因为行使公共权力，由公共产品的供给机制形成的负债，就必须按公共产品的独立类别进行收入和负债的测算。

目前我国地方政府性债务，本质上都是公共基础设施投资和公共服务支出造成的，准确地应称为公共基础设施债务，应该按照公共产品的生产机制和社会供给能力核算地方政府性债务。

公共基础设施的折旧期限一般为 25～30 年，投资公共基础设施形成的债务应该在这个折旧期限中进行摊销，与社会供给能力进行同步匹配。

公共基础设施债务率 =（年末公共基础设施债务余额÷折旧期限）÷当年政府综合财政能力×100%

所以我国的地方政府性债务的核算，第一种方法就是按照我国财政部印发的《政府综合财务报告编制操作指南（试行)》，把公共基础设施净值、公共基础设施在建工程列入政府综合资产负债表，根据《政府会计准则第 5 号——公共基础设施》对公共基础设施按照折旧方法进行折旧计提，以此作为地方政府性债务的核算基数。目前我国的政府综合财务报告并没有建立起来，地方政府在公共基础设施领域只有债务余额，没有对应资产。另外一种方法就是把《政府会计准则第 5 号——公共基础设施》调整为《公共产品会计准则——公共基础设施》，把所有公共产品参照社会保险基金预算的方式进行独立建账，在此基础上进行政府性债务的核算。

2. 存量公共基础设施占一般公共预算支出总额规模比重测算

存量公共基础设施年度生产能力占一般公共预算支出总额的比重，用于测算存量公共基础设施年度折旧成本和维护成本的规模，这是测算公共基础设施在一个城市、地区或国家中资产规模的关键指标。

存量公共基础设施年度生产能力规模

$$= \sum_{i=1}^{n} \frac{公共基础设施项目债务余额}{折旧期限（30年左右）} + \sum_{i=1}^{n} 存量公共基础设施年度维护费用总额$$

存量公共基础设施年度生产能力占比

$$= \frac{\sum_{i=1}^{n} \dfrac{公共基础设施项目债务余额}{折旧期限(30年左右)} + \sum_{i=1}^{n} 存量公共基础设施年度维护费用总额}{年度公共预算支出总额}$$

$$\times 100\%$$

3. 存量公共基础设施债务供给效率测算

$$存量公共基础设施债务实际摊销期限 = \frac{公共基础设施项目债务余额}{年均公共基础设施可用公共预算 - 存量公共基础设施年度维护费用总额}$$

存量公共基础设施债务实际摊销期限值越小，说明公共基础设施产生的溢出能力（税收收入）越大，公共基础设施的供给效率越高。

（1）存量公共基础设施债务实际摊销期限与公共基础设施实际使用期限（30年左右）相等

这说明在不考虑新建项目的情况下，存量公共基础设施债务的债务规模是合适的。根据此情况，公共基础设施年平均社会供给能力等于存量公共基础设施的年度生产能力，存量公共基础设施的年度生产能力总额（公共基础设施年度折旧总额加上年度设施维护费用总额）就是年度公共基础设施可用公共预算总额。

（2）存量公共基础设施债务实际摊销期限小于公共基础设施实际使用期限（30年左右）

这说明存量公共基础设施投资的溢出能力强，年度的溢出能力（纳税贡献总额）超出公共基础设施的实际使用期限投资效率，而这个值越小越好。在此情况下，政府可以根据公共基础设施的溢出能力空间，增加项目投资，让存量公共基础设施债务实际摊销期限与公共基础设施实际使用期限（30年左右）相等。

（3）存量公共基础设施债务实际摊销期限大于公共基础设施实际使用期限（30年左右）

这说明存量公共基础设施投资的溢出能力弱，公共基础设施年度可用公共预算值已经无法支持公共基础设施投资的债务支出。在此情况下，政府不能再新增公共基础设施的投资。

4. 公共基础设施年可用公共预算值

在公共基础设施生产能力与社会供给能力平衡的情况下，公共基础设施年可用公共预算值也就是年社会供给能力，等于存量公共基础设施年度生产能力规模。但事实上，存量公共基础设施年度生产能力规模并不是很精确，有可能更小，也有可能更大。政府在安排年度公共基础设施可用公共预算时，受制于年度财政能力和其他实际的公共财政支出项目，在没有完全建立公共预算支出体系明细规模测算和合理性控制的情况下，盲目地确定公共基础设施在公共预算中的支出比例是没有意义的，也是无法实施的。

在实践中，需要通过设置一定比例的参数形成公共基础设施可用公共预算管理的评估边界，通过规范边界，确定公共基础设施预算收支的独立性和透明性，并在此基础上，通过数据的累积和验证不断优化公共基础设施可用预算的边界。

例如，财政部在 2015 年确立的政府与社会资本合作项目占一般公共预算支出总额的 10%，作为公共基础设施项目的年度可用预算，在此基础上可以开展该项目的可用公共预算能力论证和能力管理。然而该值的确定仅对政府与社会资本合作项目边界、项目预算边界等确立了规范性标准，并没有做到完全掌握公共基础设施的供给体系原理，在实际应用中留下了很多逻辑矛盾。

5. 存量公共基础设施债务实际摊销期限值的调整

存量公共基础设施债务实际摊销期限值的测算，仅仅是考虑政府当期债务余额范围内存量公共基础设施的供给效率，是对债务规模和债务控制的一种合理性测算。

存量公共基础设施的供给效率测算，应该包含所有类别的存量公共基础设施项目，这个项目值能够测算一个城市公共基础设施的实际供给效率。

$$存量公共基础设施成本实际摊销期限 =$$

$$\frac{\sum_{i=1}^{n}公共基础设施项目成本总额 + \sum_{i=1}^{n}存量公共基础设施维护费用总额}{年均公共基础设施可用公共预算}$$

在我国，公共基础设施的溢出能力一直没有得到定价。其中未包含在存量债务余额内，且政府在此之前已经还本付息的公共基础设施，并没有按照公共基础设施的折旧期限的社会供给能力还本付息，事实上，政府提前使用了公共预算支付社会供给能力。把有 30 年左右折旧期限的公共基础设施，按 3~5 年进行还本付息。当存量公共基础设施债务实际摊销期限大于公共基础设施实际使用期限（30 年左右），且政府已经没有公共预算能力时，可以确立公共基础设施溢出能力比例值，将存量公共基础设施按特许经营的方式转移给社会资本方，收回提前支出的公共预算，把非经营性公共基础设施转化为经营性公共基础设施，把公共基础设施的实物资产转化为可用资本，用于存在债务的化解和新建公共基础设施的投资。

根据公共基础设施的折旧期限，把公共基础设施的可用预算按照收支独立、专款专用的方式，推进公共基础设施生产能力与社会供给能力的平衡，化解政府存量债务，实现公共基础设施供给体系的独立性和透明性，这是我国公共基础设施深化改革的最优选择。

不论是通过特许经营、政府与社会资本合作机制，还是通过政府平台公司投资的公共基础设施，本质上都是为了满足城市发展，实现公共需求，而且都产生了溢出能力。脱离公共基础设施的生产能力与社会供给能力，仅仅基于不同的项目模式，讨论公共基础设施建设与运营方式的合理性与科学性，讨论政府债务的边界，是没有价值和意义的。

习近平总书记在党的十九大报告中指出，坚决破除一切不合时宜的思想观念和体制机制弊端，突破利益固化的藩篱，吸收人类文明有益成果，构建系统完备、科学规范、运行有效的制度体系，充分发挥我国社会主义制度优越性。

只有公共基础设施供给体系正本清源，我们才能找到化解危机、推动社会向高质量发展的转化之路。

三、债务之因

我国地方政府性债务的主要来源是通过投入公共基础设施和公共服务而形成的各级政府巨额债务。实质上，这些负债也是政府公共基础设施的债务。根据公共产品的供给恒等式"生产能力价格×期限 A =（直接能力价格 + 溢出能力价格 + 公共调剂价格）×期限 B"，我们可以通过四个方面来分析我国地方政府性债务的成因（见图 2.5）。

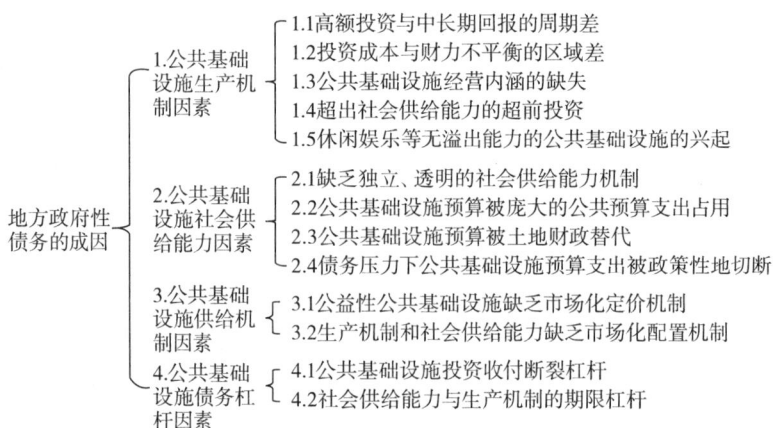

图 2.5　地方政府性债务成因构成

（一）造成地方政府性债务的公共基础设施生产机制因素

公共基础设施生产机制因素，主要从公共产品供给恒等式的生产机制端进行债务因素分析，主要包括：公共基础设施高额投资与中长期回报的周期差；投资成本与财力不平衡的区域差；公共基础设施经营内涵的缺失；超出社会供给能力的超前投资；休闲娱乐等无溢出能力的公共基础设施的兴起五个方面的因素。

1. 公共基础设施高额投资与中长期回报的周期差

公共基础设施一次性建设投入巨大，有长达 25～30 年左右的使用周期和折旧期限，高额投资与中长期回报之间存在天然的债务周期差（25～30 年）。不论公共基础设施是由政府方投入，还是交由社会资本方进行投资，这个债务周期差是无法改变的，这说明公共基础设施带有天然的债务属性。当前地方政府性债务的监管政策无法改变公共基础设施的客观需求，也无法改变公共基础设施高额投资与中长期回报的周期差，针对天然的债务属性，当前监管政策是失灵的。

2. 投资成本与财力不平衡的区域差

由于经济环境的变化和人口的高速流动，公共基础设施的投资建设必须向最长板接轨，但是区域间的财政能力存在明显的差距，也就存在天然的结构性债务差。比如深圳至广西的区间高铁，全部里程投资的成本相同，但是深圳的财政能力远远强于广西的财政能力，因此这段高铁投资的成本就会造成广西区域产生对公共基础设施的区域性债务差。经济环境和人口的高度一体化是无法阻挡的，当前地方政府性债务监管政策对公共基础设施的区域性债务差是失灵的。

3. 公共基础设施经营内涵缺失，生产能力与社会供给形成比较大的能力差

公共基础设施与经济增长具有正向循环作用，但无法建立精确的模型进行测算、分析、评估和控制。在此现状下，政府官员和金融投资者形成了一种盲目乐观的态度，没有对公共基础设施投资的溢出能力（"社会生产力的提升"和"资源增值后的有偿使用"）进行有效的管理和风险平衡评估。

2010年以前是我国公共基础设施投资高速增长的主要时期，公共基础设施的投资溢出能力处于显著增长期，社会生产要素快速和高度的聚集，形成社会生产力的提升和土地资源的高速增值，政府通过税收和土地收入偿还公共基础设施建设的投资费用，这种无形的公共基础设施机制不但没有得到理论和政策的有效认知，也没有形成有效的监测、分析和管理机制，其投资行为是盲目的。地方公共基础设施投资享有国内和全球经济增长带来的红利，造成了"只要进行公共基础设施投资，经济必然会正向增长"的误区，继而忽略对区域经济和经济发展内生规律的把控。因此，部分地方政府

官员把重心放在投资公共基础设施上，忽略了投后运营的重要性，社会生产力的提升单纯依靠招商引资对生产力资源的转移竞争，却忽略了对生产力提升的影响要素进行系统化管理。

公共基础设施投资能够带来资源增值有偿使用，我国主要依靠土地资源增值带来财政收入。20世纪90年代开始到2010年之前，大部分公共基础设施投资依靠土地财政收入增长实现了对债务的偿付。由于土地资源有偿使用的杠杆被不断加高，使社会发展出现失衡，加上房地产市场的逐渐饱和，近10年来，公共基础设施投资逐渐失去了土地资源增值收入的来源，造成公共基础设施的投资成本无法进行偿付。2010年以后，我国地方政府公共基础设施市场机制的失衡性矛盾越来越突出。由于公共基础设施的市场地位在现行经济学理论和政策中没有得到认同，因此并未对公共基础设施投资的关键成果——"社会生产力的提升"和"资源增值"——实施有效的投后管理措施。所以大家把对公共基础设施的养护看成是公共基础设施的运营管理的核心内容。

近些年，由于地方政府性债务风险产生了很大压力，所以我国大力推行政府与社会资本合作的模式进行市场化运作公共基础设施项目，但是出现了公共基础设施投后运营管理的严重偏离。大量的政府与社会资本合作项目对政府付费的合理性无法论证，将社会资本方运营当作创造第三种经营收入的途径，比如在市政道路灯杆上悬挂广告牌、在市政公园设立小商铺，以此作为公共基础设施项目运营的收入来源，这导致整个公共基础设施领域对经营收入的测算方式陷入重大误区。公共基础设施是其他社会生产要素集合的有效前提，只有在一项资源集合中才能发挥作用，除了使用者直接付费的项目，单一的公共基础设施项目是无法进行收益边界分析和收益测算的。

4. 公共基础设施超出社会供给能力的超前投资

在良好的社会管理和生产要素管理基础上，公共基础设施建设水平与社会生产力发展水平呈现螺旋式的发展，虽然公共基础设施领域存在一定的负债性，但始终保持公共基础设施建设水平对社会生产力发展水平的引领。我国公共基础设施在 20 世纪 80 年代滞后于社会生产力水平，但在 20 世纪 90 年代迎来了公共基础设施建设持续高峰期，促进了社会生产要素的聚集和生产力水平的提升，继而受全球化和国内综合环境的影响，我国社会生产力的提升效率在近 10 年达到了峰值。但随着全球经济增长的趋缓，依靠"量"的经济增长受到极大制约，目前很多地区修建的公共基础设施，如城市高铁、轨道、快速路等，超出了该区域现有的社会生产力发展水平。这是因为缺乏针对人口、社会经济生产力与公共基础设施的匹配性进行市场化测算，大量的公共基础设施并未有效地承载生产力资源和经济活动，利用率严重不足，短期内无法有效地形成社会生产力和财政收入，这也就造成了近10 年以来公共基础设施投资形成规模化债务。

5. 休闲娱乐等无溢出能力的公共基础设施的兴起

近些年，娱乐性、休闲性的公共基础设施，如公共休闲空间、公园、体育场馆等获得了规模化的投资和增长，但事实上，这部分公共基础设施缺乏收费机制，其直接能力价格接近于零，溢出能力价格也非常低。我国税收机制的重心是商品的生产和流动环节的增值税，而娱乐性、休闲性、旅游性的消费，它们带来财政税收偿付的能力非常有限。以旅游业为主的大省，财政收入排名普遍趋后，比如云南省，其丽江市 2015 年一般公共预算收入完成 477 693 万元，其中税收收入完成 236 319 万元。尽管无溢出能力或低溢出能力的娱乐性、休闲性公共基础设施获得规模化增长，但仍无法形成匹配的社会生产力和财政收入能力，进而造成规模性债务的积累。

（二）造成地方政府性债务的公共基础设施社会供给能力因素

1. 公共基础设施缺乏独立、透明的社会供给能力机制

税收是公共产品社会供给能力的一个重要组成部分，公共基础设施是一项投资庞大且非常重要的公共产品，通过税收形成的公共财政用于公共基础设施建设与运营，这是保障

公共基础设施供给循环的必要逻辑。

目前包括我国在内的世界各国政府，在公共预算中并没有为公共基础设施投资设有独立、透明的预算结构。我国各级政府对于公共基础设施的收支边界的认识不够清晰，导致本应当是公共基础设施的预算非常容易被其他公共支持预算占用或切断。

2. 公共基础设施预算被庞大的公共预算支出占用

大部分地方政府官员，尤其是财政系统的官员常常会认为："本市公共预算仅能保障政府和民生事务的基本运转，至于公共基础设施的投资，只能通过融资借债，并以卖土地的收入进行偿还。"显而易见，我国公共基础设施缺乏独立、透明的社会供给能力机制，所以公民通过纳税形成的社会供给能力被庞大的公共预算支出所占用。

我国复杂的政府运作体系，相互制约的层级管理关系，覆盖教育、医疗、民生支出、环境保护等领域庞大的公共预算支出体系，成为一个用于公共产品刚性兑付的资金池，这个资金池没有收支一一对应的独立、透明的财政机制，用于统筹应付各种公共支出。随着这个资金池在债务压力下日益收缩，公共基础设施的独立预算支出首先被忽略或砍掉。许多地方面临高额的政府债务压力，其风险日益加大，面对这种风险，由于缺乏独立有效的预算来源，地方政府官员束手无策，因为他们不知道该用什么样的预算来源进行偿还。

从目前各个数据渠道的统计数据来看，公共财政支出中公共基础设施和行政管理费支出的占比数据缺乏可靠的来源。2018 年 3 月 23 日，财政部资产管理司在财政部官网上发布《关于公共基础设施类资产管理与预算管理相结合课题研究征询意向公告》，财政部资产管理司正在执行世界银行贷款"现代财政制度与国家治理"技援项目中的一个子项目"公共基础设施类资产管理与预算管理相结合研究"。该子项目的目标是综合分析国内外重点公共基础设施建设运营、管理模式及财政投入模式的利弊，在此基础上研究并提出改革和完善我国财政支持公共基础设施建设和公共基础设施类资产运营维护方式的政策建议。这说明公共基础设施类资产在公共财政支出的比例问题研究，现在才刚刚起步。

我们通过选取一些城市样本对政府庞大的公共预算体系进行评估和分析，证实一类非公共基础设施类投资的预算支出是可以被优化的。采取初步评估和优化管理的方式，政府当前的公共预算支出可以节约 20%~25%；如进行系统性供给体系管理和优化管理，政府可以达到 30%~35% 的节约效果。

3. 公共基础设施预算被土地财政替代

20 世纪 90 年代到 2010 年之前，大部分公共基础设施投资依靠土地财政收入增长实现，所以形成了公共基础设施预算支出来源于土地出让收入的思维惯性，不仅是政府端，也包括各类基础设施工程商和金融机构，只要是评估地方政府基础设施项目，土地财政收入都被看作评估的重要依据。

公共基础设施投资的关键成果是"社会生产力的提升""资源增值"，其中土地资源的增值使用是形成社会供给能力的重要方面，但是土地资源的增值是具有阶段性的。公共基础设施的作用是长期的、跨代际的，在社会生产能力提升的基础上，通过税收形成的公共财政收入具有长期性，能够与公共基础设施的投资周期进行匹配。因此，为了保障公共基础设施的有效供给，我们必须在公共预算中，针对支出做出独立的机制设计和制度设计。

4. 债务压力下公共基础设施预算支出被政策性地切断

由于公共基础设施缺乏合理的供给体系，通过公共基础设施造成的政府性债务越来越趋于显性，债务风险也日趋加大。为了避免增加地方政府性债务，我国财政政策开始逐步切断了公共基础设施的预算支出。首先是 2010 年左右，建设—转让（BT）模式的公共基础设施代建被叫停，然后是 2014 年开始规范强化地方政府性债务管理，除存量债务之外，一律设定为违规举债。直到 2017 年，又对把政府预算支出作为来源的平台公司项目、政府与社会资本合作项目、政府投资基金项目一律作为违规举债的行为给予叫停。地方平台公司、政府与社会资本合作、政府投资基金等只是公共基础设施供给机制的不同类型，其投资的公共基础设施不是为了满足自用，而是用于满足公共需求，因此必须通过公共预算的安排进行相应支付。

在这样的债务压力下，公共基础设施的预算支出被政策性切断，虽然这种切断能够抑制地方政府对公共基础设施建设的不合理投入，但也造成了公共基础设施债务结构无法得到合理预算来源进行修复，地方政府的直接债务转化为隐性债务，在还本付息的压力下，地方政府隐性债务和债务风险正在不断地加大。

（三）造成地方政府性债务的公共基础设施供给机制因素

1. 公益性公共基础设施缺乏市场化定价机制

我国公共基础设施是由政府通过公共财政进行刚性兑付的，在刚性兑付和"表象公平"下，各类不同的公共产品社会供给能力和生产供给的边界无法得到精确的识别和界定，公共产品无法形成合理的定价结构。我国地方政府把土地财政收入投资于公共基础设施，放弃了公共基础设施的社会供给能力定价，因此，公共基础设施被定性为非经营性、纯公益性。除了少量完全由使用者付费的公共基础设施（如电力、燃气、自来水、通信、车流量合适的高速公路等）按市场化定价执行，由使用者直接付费外，大部分公共基础设施，尤其是市政基础设施对溢出能力价格缺乏定价机制。政府通过预算和举借债务修建大量公共基础设施的价格都为零。综上所述，在缺乏定价机制的情况下，部分公共基础设施项目的使用者付费定价偏低，地方政府根据自身有限的财政能力按照直接投资、补贴、政府付费的方式，对公共基础设施支付公共调剂价格。同时，休闲广场、污水处理、垃圾处理等大量没有溢出能力的基础设施项目占用财政预算，造成公共预算亏空。

2. 生产机制和社会供给能力缺乏市场化配置机制

我国公共基础设施投资与管理由政府主导，政府既是公共基础设施供给体系公共权力和制度结构的主导者，又是公共基础设施的供给者，两种角色是重叠的。公共基础设施建设和运营的职能散落在发改委、城市建设部门、城市管理部门、财政部门等多部门或机构，公共基础设施由政府主导供给，加上公共基础设施定价机制的缺失，市场的配置机制无法发挥作用。因此，造成公共基础设施的生产机制和社会供给能力无法实现匹配，在这种结构下，若想要解决地方政府性债务，化解地方政府性债务杠杆，只能采取"头痛医头、脚痛医脚"的救急方式。无论是运动式的去杠杆、放水式的稳杠杆，还是盲目的债务控制和风险管理，都会陷入"一抓就死、一放就乱"的怪圈。

（四）造成地方政府性债务的公共基础设施债务杠杆因素

1. 公共基础设施投资收付断裂杠杆

上述内容总结了造成地方政府性债务的三大因素：公共基础设施供给的投资与收益之间收付断裂；有投资无价格、有投资无支付；政府采取东挪西凑的方式投资公共基础设施。断裂现象映射到债务结构上形成了地方政府性债务的基础杠杆。另外，如又逢我国地方政府土地财政遇挫，公共基础设施收入来源会不断减少，而地方政府官员长期以来形成的投资惯性没有改变，投资规模不断地加大，两者之间的杠杆差不断叠加，杠杆率被不断地加大。

2. 社会供给能力与生产机制的期限杠杆

公共基础设施一次性投入巨大，有长达25～30年左右的使用周期和折旧期限，高额投资与中长期回报之间存在天然的债务周期差。在公共基础设施有效运营期限内（25～30年），社会公众对其均有使用权利和纳税义务，财政机制应该在同等期限内（25～30年）以公共基础设施的年度折旧价格为基础，形成对投资者年度费用的支付或还本付息。这样能够有效保证公共基础设施投资、社会生产力优化调整与增长、财政与税收机制优化调整与增长等周期匹配性，从而能够避免产生公共基础设施的债务偿付风险。

但是在全球范围内，各国都把公共基础设施看成是市场失灵的公共产品，认为其一直缺乏市场化的定价机制。公共基础设施投资债务的偿付期限都是以金融机构提供的债务融资期限为标准，政府需要把25～30年财政收入偿付期限的公共基础设施投资签署成3～10年左右的还本付息合同，集中在3～10年内进行债务偿付，合理的债务偿付周期被成倍地压缩，政府的实际债务率被成倍放大。因此，为了保持公共基础设施供给体系的能力平衡，恒等式两边的期限必须是一致的。

如图2.6所示，我国的公共基础设施生产能力价格与社会供给能力价格存在6倍左右的期限差，通过期限的匹配，能够把我国地方政府性当期债务总额化解到1/6左右。近些年，我国通过发行地方政府债券的方式促进存量债务转化，加大了公共基础设施的生产期限与社会供给能力期限的匹配性。但是由于历史原因，公共基础设施债券的期限依然受制于金融产品期限，债务周期与公共基础设施的使用周期仍然不平衡，当期政府还款压力仍然与公共基础设施的边际收益周期不平衡。

综上所述，造成地方政府性债务的主要是以下四个因素：公共基础设施生产机制因素、社会供给能力因素、供给机制因素和杠杆因素。通过原因分析，我们可以清晰地理解我国地方政府性债务的构成原因，也能够找到化解我国地方政府性债务的科学方法。因此，正如在前文中所述，去杠杆不是

生产机制

直接或间接的负债投融资

```
┌──────┐      ┌──────────┐
│ 金融 │ ⟹   │ 政府主导的 │
│ 市场 │      │基础设施生产│
└──────┘      └──────────┘
```

|←--生产能力价格×5年还本付息--→|　生产机制与社会供给能力之间的收付杠杆

6倍左右

```
┌──────┐  ┌──────┐   ┌──────┐
│生产力提升│  │税收缴纳│   │ 财政 │
│资源增值│  │资源有偿│   │ 机制 │
└──────┘  └──────┘   └──────┘
```

|←----社会供给能力价格×30年使用期----→|

社会供给能力

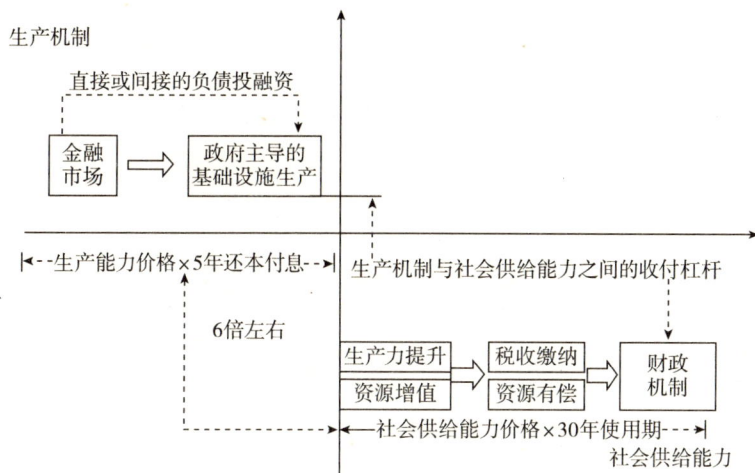

图 2.6　地方政府性债务杠杆结构

"一抓就死"的运动式去杠杆，稳杠杆不是"一放就乱"的放水式稳杠杆，而是要建立独立、透明、有效、合理的公共财政与公共产品、公共服务供给体系，建立公共产品资产与公共财政资金的一一对应机制，建立公共产品周期与公共财政周期的一一对应机制，这才是去杠杆、稳杠杆的基石，这才能构建社会高质量可持续发展，我们才能走向国家治理体系和治理能力现代化。

债务杠杆拆除路线图

化解债务风险，拆除债务杠杆，是管控我国当前风险的重中之重。本章将在前文基础上具体说明如何稳定、有效地拆除杠杆，并且在化解杠杆的基础上把债务资产转变为股权资产，实现全面的债转股，轻装上阵，开启高质量发展之路。

一、一对孪生债务

化解债务杠杆，首先要分析债务杠杆的形成结构，这样才能找到债务化解的方向。

从图 3.1 可以看出，我国地方政府性债务和房地产债务是一对孪生债务，其债务结构由三组杠杆组成。

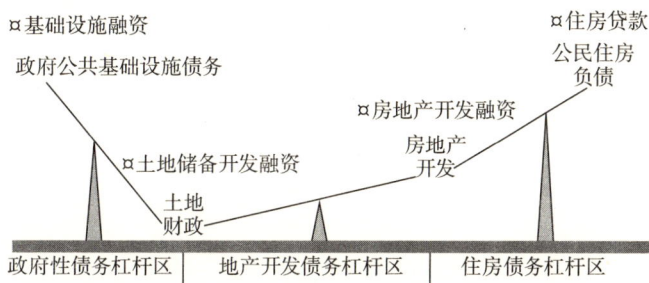

图 3.1 地方政府性债务和房地产债务的孪生结构

1. 地产开发债务杠杆

地产开发债务杠杆两端由土地财政收入和房地产开发组成，政府通过不断上涨的土地价格获取更多的土地财政，同时也不断抬高房地产的开发成本。

基于土地财政，形成一类融资需求：土地储备开发融资。此类融资通过出让土地使用权，能够快速地获得收入，负债风险很低。

基于房地产开发，形成一类融资需求：房地产开发融资。房地产开发商获取土地开发权，需要一次性支付土地使用权转让费用，还要支付房地产建设开发费用。这个周期长于土地储备开发的周期，因此在房地产开发融资端，形成了一个规模更大、周期更长的负债项，从其本身来看，这个风险是可控的。所以，土地储备开发融资和房地产开发融资项目能够得到金融机构的普遍青睐。

其实，地产开发债务杠杆两端的土地财政和房地产开发，其自身债务风险都不高，可以称之为"传导性"杠杆——将其债务风险传导到政府性债务杠杆和住房债务杠杆这两大领域，目前我国的"传导杠杆"规模非常庞大。

根据财政部公布的 2017 年财政收支状况，2017 年全国累计一般公共预算收入为 172 567 亿元，其中国有土地使用权出让收入 52 059 亿元。这意味着 5 万亿的基础债务全部转化为房地产的开发成本，继而大部分会传导到公民的住房债务。单看 2017 年的债务规模就已经相当庞大，再加上多年叠加累积的规模，整体规模是非常惊人的。

2. 政府性债务杠杆

我国在房地产领域获得的社会供给溢出能力，通过地产开发债务杠杆向政府财政端传导，很大一部分形成了土地财政。政府通过土地财政把社会发展的溢出能力转移到公共基础设施上，用于公共基础设施投资。长期以来就形成政府使用土地财政收入来供养公共基础设施的投资资金，导致大部分公共基础设施放弃了消费定价机制。城市道路、公园、广场等被确立为公益性基础设施，公众可以免费使用，无须支付相应的费用，从而导致该类基础设施投资建设有费用，消费无价格，供给机制完全依赖于土地财政。

由于我国公共基础设施存在规模化的投资需求，需求方面又存在地区间的不平衡性，各级政府只有通过借债方式进行规模化基础设施投资，导致聚集了大规模的地方政府性债务。政府性债务杠杆一端是土地财政收入，另一端是公共基础设施投资，两端存在天然的不平衡性，土地财政收入无法满足公共基础设施的投资需求。近些年由于土地财政受困，造成大量的公共基础设施债务失去了还款来源，积累了规模化债务风险。

3. 住房债务杠杆

住房属于公民基础公共产品，但是在我国，住房性质完全被商品化，住房领域"成本＋适当利润"的定价方式转化为"需求＋利润最大化"的定价策略，不断抬高的房屋价格形成了规模化住房负债。很多家庭 10 年，甚至 30 年的收入也买不起房，最后为了满足居住需求成为"房奴"。

通过上述债务杠杆结构分析，可以清晰地看到公共基础设施和住房是两个完全不同的公共产品。公民通过负债方式购买住房，不仅满足了自身的住房需求，也为土地财政收入和公共基础设施建设投资提供了资金来源（见图 3.2）。

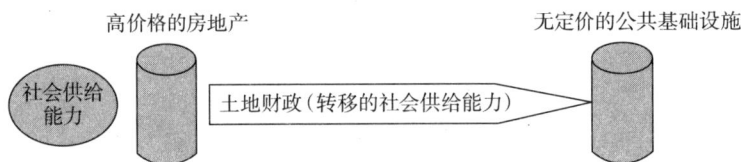

高价格的房地产　　　　　　　　　　无定价的公共基础设施

社会供给能力　　土地财政（转移的社会供给能力）

图 3.2　我国公共基础设施的来源

为什么在中央政府限制房地产价格后，各个地方政府都投鼠忌器？原因很明显，如果放弃房地产就意味着大量的公共基础设施债务失去了还款来源，这部分的债务要么等待着"爆炸"，要么就成为政府的永续债。现有的房地产债务结构已经导致住房脱离公共产品的本质属性，越来越不能够满足民众的公共需求，千夫所指。

地方政府性债务和房地产债务是一对孪生债务，想要化解债务杠杆，就需要将公共基础设施和房地产进行隔离定价，形成相互独立的定价机制。

我国当前的债务危机和量化货币必须借助适当的资产载体进行转化，单纯为了去杠杆而去杠杆是非常危险的，这就意味着多年积累在房地产和公共基础设施中的社会供给能力将会"猛着陆"。

其实，我国公共基础设施规模庞大，基础资产稳定，存续周期长，能够起到很好地吸纳货币和稳定风险的作用。通过赋予公共基础设施市场化价格，通过市场化机制，以公共基础设施市场化配置为手段，推动政府逐步化解公共基础设施债务危机，实现公共基础设施的市场化配置。

二、拆除路线图

（一）基础前提：改革公共财政预算制度，确定公共基础设施的社会供给能力通道

我们应放弃依赖于政府与社会资本合作、建设—转让、建设—经营—转让（BOT）、转让—经营—转让（TOT）等模式解决公共基础设施投资建设的惯性思维，应当关注如何通过深化改革公共财政预算制度，确立公共基础设施的社会供给通道，这才是解决我国公共基础设施和公共服务供给的基础前提。对各级政府公共财政能力、存量公共基础设施规模进行系统的边界测算和匹配性测算，出具完整的论证报告，可以根据不同的情况，确立公共基础设施占用公共预算的比例，对公共财政能力和公共基础设施进行跨代际（一般周期为30年）的规划。

在跨代际规划的基础上，依据特许经营的原则将存量和未来新建的公共基础设施按代际边界进行折旧核算，让年度折旧

费用和年度维护费用的公共预算支付实行收支两条线管理，专款专用，建立独立、完整的公共基础设施社会供给能力和生产机制供给体系。这样不仅能解决我们的当前之困，还能够持续地推动我国公共产品和公共服务的供给体系的深化改革，理顺公共产品和公共服务的效率与公平之间的关系，实现全体人民公平分享公共资源收益。

（二）价格工具：将经营性的公共基础设施进行市场化定价，建立债务资产转化的市场化价格机制和流通机制

国务院《关于创新重点领域投融资机制鼓励社会投资的指导意见》（国发〔2014〕60号）明确提出："实行统一市场准入，创造平等投资机会；创新投资运营机制，扩大社会资本投资途径；优化政府投资使用方向和方式，发挥引导带动作用；创新融资方式，拓宽融资渠道；完善价格形成机制，发挥价格杠杆作用。""完善市政基础设施价格机制。加快改进市政基础设施价格形成、调整和补偿机制，使经营者能够获得合理收益。"

2016年中共中央办公厅、国务院办公厅印发《关于创新政府配置资源方式的指导意见》（中办发〔2016〕75号），意见指出："为解决当前政府配置资源中存在的市场价格扭曲、配置效率较低、公共服务供给不足等突出问题，需要从广度和深度上推进市场化改革，大幅度减少政府对资源的直接配

置，创新配置方式，更多引入市场机制和市场化手段，提高资源配置的效率和效益。"

显然，党中央、国务院对于建立"独立的公共基础设施市场化供给机制"已经提高重视，并且提出了明确的要求。公共基础设施在其有效运营期限内（30 年左右），社会公众对其均具有使用权利和纳税义务，财政机制根据公共基础设施的使用周期和折旧期限，按照特许经营的原则，将公共基础设施年度折旧费用和年度维护费用确定为市场化配置价格。

公共基础设施年度运营支付价格

＝公共基础设施折旧费用＋年度设施维护费用

$$=\frac{公共基础设施建设总额＋期间资金总成本}{公共基础设施折旧期限（30 年左右）}+年度设施维护费用$$

通过该定价方式，可以找到公共基础设施投资、社会生产力优化调整与增长、财政与税收机制匹配性的锚，从而避免产生公共基础设施的债务偿付结构。

（三）实施方式：推动公共基础设施市场化配置，修复公共基础设施资产负债表

政府可以按上述定价公式对公共基础设施进行定价核算，采用委托经营或转让—经营—转让等特许经营方式推动公共基础设施的市场化配置。

（1）将债务类公共基础设施以特许经营的方式按折旧期限

转移给社会资本方，收回的资金用于化解当前存量债务和隐性债务。

（2）将部分非债务类公共基础设施，在长期规划的基础上逐年分批地进行市场化配置，将公共基础设施的实物形态转变为资本形态，增加财政收入。重新释放之前通过土地财政吸收的社会供给能力，用于改善民生，提高社会生产力，推动自然资源和环境资源的增值使用，实现公共基础设施投资后经营能力的平衡。

（3）将新建公共基础设施以市场化配置价格的方式进行定价，推动政府与社会资本合作模式下的社会资本对公共基础设施的供给。

国务院《关于创新重点领域投融资机制鼓励社会投资的指导意见》（国发〔2014〕60号）明确提出："政府可采用委托经营或转让—经营—转让（TOT）等方式，将已经建成的市政基础设施项目转交给社会资本运营管理。"

中共中央办公厅、国务院办公厅印发《关于创新政府配置资源方式的指导意见》（中办发〔2016〕75号）也同步做了要求："各省（自治区、直辖市）可根据经济社会发展需要，将部分经营性国有资产由实物形态转变为资本形态，将部分统筹使用后仍闲置的非经营性国有资产转为经营性国有资产，其经营收益或出让变现所得上缴财政，统筹用于保障和改善民生。"

党中央、国务院对此类问题已经做出了明确的指示，这样在政府性债务解套的前提下，逐渐推进房地产债务价格合理化，实现"房子是用来住的"的美好生活愿望。

实现公共基础设施的市场化配置需要建立公众纳税体系，从而形成社会供给能力和公共财政能力的共识，公共基础设施完全可以按照政府规划和社会资本方提供的方式完成市场化配置。公共财政根据公共基础设施的折旧期限支付折旧费用和维护费用，再通过市场化配置，让公共基础设施回归城市资产经营的本质，由非经营性资产转变为经营性资产，政府的债务资产转化为政府的财政资本。这样既可以将其看成一个更广义的政府与社会资本合作结构，也可以看成一个更广义的政府债转股结构。

（四）深化改革目标：推动公共机制改革，实现管办分离

公共产品供给体系中社会供给能力与生产机制的匹配性、独立性和市场性越强，其提供的公共产品的系统能力就越稳定，公共需求的满足程度就越高，公共权力和制度结构就越稳定，同时公共权力和制度结构的显性作用就越低，社会的公共信用和公共意识对系统循环的作用力就越高。

公共产品供给体系中社会供给能力与生产机制的匹配性、独立性和市场性越差，甚至被割裂，其提供公共产品的系统能力就会走向失衡，公共权力和制度结构就越不稳定，公共

权力和制度结构的显性作用就越大，社会的公共信用和公共意识就难以形成，对系统循环的作用力就越低。

不断增强公共基础设施供给体系的匹配性、独立性和市场性，就是我们在公共管理领域深化改革的目标，这样能够逐步推进理顺政府与事业单位在基本公共服务供给中的关系，推进政事分开、事企分开、管办分离。区分政府作为资源配置者和行业监管者的不同职能，创新和改进政府直接配置资源的方式，强化在公共产品和公共服务领域的监管职能。科学合理地确定各级政府的财政事权和支出责任，加强基本公共产品和公共服务资源的均衡配置。

公共产品和公共服务代表着一个国家制度的秩序和温暖，国家治理的灵魂，以及塑造后的民族灵魂。以此为基础，在公民生存、安全、教育、医疗、生活、基础设施、信息、资源、资产增值等公共产品领域建立更合理的秩序、更明确的规则、更安全的可持续性，塑造公共产品供给体系的安全感、秩序感、从容感和温暖感。

三、化解地方政府性债务的金融服务

2018 年 8 月初，国务院金融稳定发展委员会召开第二次会议，要求处理好宏观总量与微观信贷的关系。同时强调在把握好货币总闸门的前提下，要在信贷考核和内部激励上下更大功夫，增强金融机构服务实体经济特别是小微企业的内生动力。健全正向激励机制，充分调动金融领域中人的积极性。

2018 年 8 月 3 日国家发展改革委、人民银行、财政部、银保监会、国资委联合印发关于《2018 年降低企业杠杆率工作要点》的通知（发改财金〔2018〕1135 号），通知提出要深入推进市场化法治化债转股，鼓励依法合规以优先股方式开展市场化债转股，探索以试点方式开展非上市非公众股份公司债转优先股。

2018 年下半年开始，政府和金融机构想要保持合法合规的信贷投放，在项目资源和渠道资源方面的时间和周期都非常紧张，短期内很多项目也难以具备完整的项目贷款资料。

政府和金融机构均面临考验，既要做到充分地投放贷款，又要做到合法合规；既要能够充分地转化债务风险，又要不断增强流动性；既要不断增加地方政府合理的公共基础设施投资，又要继续增强扶贫攻坚的力度。那么公共基础设施的市场化配置将是一种非常理想的选择，因为它既是一种非常严谨、合法合规的债转股结构，也是一种公共基础设施特许经营结构。

图3.3是根据"盘活债务类和存量类公共基础设施资产"实施步骤设计的公共基础设施债转股流程图。

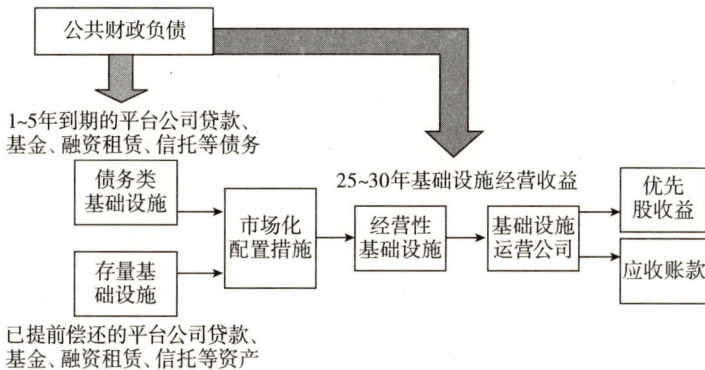

图3.3 我国公共基础设施债转股流程图

首先，债务类基础设施和存量公共基础设施通过市场化配置方式，将非经营性的资产转变为经营性的资产，将资产的实物形态转变为资本形态。

随后，政府通过出让公共基础设施经营权，回收资金，将其用于偿还债务，以及进行城市产业发展领域的投资。

最后，由市场化专业的公共基础设施运营公司承接运营，公共财政机制按照公共基础设施的有效运营期限(25～30年)，在此期限内支付公共基础设施的折旧费用和维护费用，作为公共基础设施的经营收入。

我国现行的一些财政政策将政府公共财政用于公益项目的支出列为违规举债，这种理解违背了公民纳税用于公共基础设施公共服务的基础法理，如果公共财政不得用于公益性项目的正常支出，那么公共纳税的前提何在？

如图3.4所示，通过对我国公共基础设施债转股融资路径进行分步解析，可以清楚地分辨违规举债与合理市场化配置两种方式的本质区别。

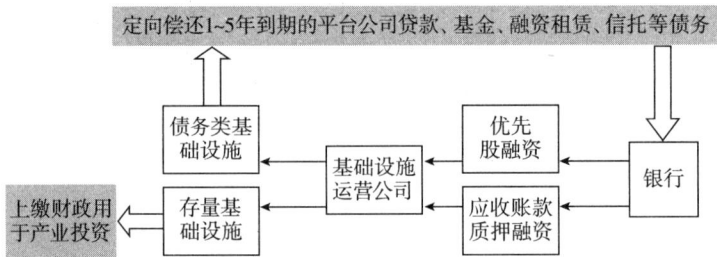

图3.4　我国公共基础设施债转股融资路径

政府通过平台公司举借债务进行城市公共基础设施投资，与此同时或者在此之后，政府又采取融资租赁的方式，对此类公共基础设施资产进行融资，在这个过程中，公共基础设施的经营属性没有发生改变，这种融资可以判定为违规举债。

但是，政府通过市场化配置的方式，以合理的定价和周期对存量的公共基础设施进行市场化配置，将非经营性资产转变为经营性资产，将通过市场化配置获得的收入上缴财政，成为财政收入，该负债资产应当在政府资产负债表里进行抵消。政府根据此类公共基础设施的运营贡献，将公共基础设施通过市场化配置形成的财政收入以及支出，实行收支两条线管理，专款专用。这种方式和违规举债有本质的区别。

有效地、合理地按照市场化、法制化的方式化解当前的政府性债务是一个重要任务。大量的平台公司贷款、基金、融资租赁、信托等债务存在不合规性，其债务依附的资产要么是多重抵押，要么是虚构的，要想直接采用债转股的做法予以解决非常困难。所以，可以通过招拍挂①的方式，对非经营性公共基础设施进行经营性资产转化和总量控制，从而成为承接债务的资产载体。

---

① 招拍挂是指我国国有土地使用权的出让管理制度。我国国有土地使用权出让方式有四种：招标、拍卖、挂牌和协议方式。

四、公益性基础设施资产证券化路径探索

国务院批转发改委《关于2017年深化经济体制改革重点工作的意见》提出"深化多层次资本市场改革……开展基础设施资产证券化试点"。从目前我国基础设施领域的投资情况来看，主要有两方面的问题：一方面，基础设施投资回收期长，对银行贷款的占用时间长；另一方面，银行自身也面临着去杠杆的外部环境影响。

因此，实施基础设施类资产证券化也会产生两方面的积极影响，一是可以解决银行资产流动性较差的问题；二是让银行长期投向基础设施领域而被占用的资金变成现金，并可以用于投资新的项目，用于服务实体经济，尤其是为升级换代、创业创新类的项目配置更多的资源。

中国人民银行令〔2017〕第3号对《应收账款质押登记办法》进行了修订，将能源、交通运输、水利、环境保护、市政工程等基础设施和公用事业项目收益权纳入应收账款范围，并将期限拓展为30年。

2018 年 6 月 8 日，上海证券交易所、深圳证券交易所和中证机构间报价系统股份有限公司发布了《基础设施类资产支持证券挂牌条件确认指南》及《基础设施类资产支持证券信息披露指南》，就基础设施类资产证券化业务领域的业务规范、风险管理等方面内容制定了明确、统一的监管标准。支持以燃气、供电、供水、供热、污水及垃圾处理等市政设施，公路、铁路、机场等交通设施，教育、健康养老等公共服务产生的收入为基础资产现金流来源所发行的资产支持证券。

但是上述政策的实施仍然被《资产证券化基础资产负面清单》（以下简称"负面清单"）阻碍，是由于该负面清单明确提出"以地方政府为直接或间接债务人的基础资产""以地方融资平台公司为债务人的基础资产"两条内容。这两条内容的制定目的本是为了预防地方政府性债务风险通过资产证券化路径进行扩张，但事实上却阻断了解决地方政府性债务风险的有效路径。

地方政府通过政府财政能力与公共基础设施规模匹配效率，按照统一定价方式，将存量基础设施进行市场化配置，与社会资本方合作，显然也需要比照政府与社会资本合作资产证券化的方式进行许可，因为这种定价方式比政府与社会资本合作项目本身更客观、更合理，统一度和透明度更高。

因此，为有效拆除债务杠杆，化解地方政府性债务风险，地方政府可以比照收费性特许经营项目，将公益性公共基础设施的公共预算支付实行收支两条线管理，专款专用。当然也可以按照中国证监会发布的《资产证券化监管问答》，将特许经营项目作为基础资产开展资产证券化业务。

片面地将公共基础设施定位为非经营性公益性资产，割裂了公共基础设施投资循环，这是导致政府债务高企的根本原因。充分理解公共基础设施在财政收支中的必要性、独立性，建立按比例专款专用的特许经营机制，这将是基础设施资产证券化的未来机会。但这既需要金融机构的技术处理和创新，也需要财政部门、监管部门对公共基础设施在财政上收支实质的穿透理解。

探索基础设施等资产证券化的路径，不仅是一个投融资领域的新风口，更是政府对自身和社会资本提出的一项新课题。对于政府、社会和企业而言，无论是公共产品证券化还是其他金融工具，均要以创新的思维和方式服务于基础设施等资产证券化，这才是迎接新风口、应对新课题的核心要务。

后　记

祖国历尽千帆，有序更温暖
——假疫苗事件映射我国公共产品供给制度的困境

在 2018 年俄罗斯世界杯期间，我和李吉平先生在一家爱尔兰酒吧讨论本书至凌晨两点，对之前商定过的书名——《温暖的公共产品之路》，因为考虑到理解和诠释的问题而放弃。现在的书名《穿透中国债务》更具有聚焦性，但相比之下，我们更喜欢以《温暖的公共产品之路》作为书名。

恰逢书稿完成之日，《疫苗之王》这篇网文突然刷屏微信朋友圈，据此我也发表了一篇相关文章，但是《疫苗之王》和我的文章都被高俊芳公司相关人员举报，被微信系统以侵权为由关闭了。2018 年 7 月 23 日，中共中央总书记、国家主席、中央军委主席习近平对吉林长春长生生物疫苗案件作出重要指示指出，长春长生生物科技有限责任公司违法违规生产疫苗行为，性质恶劣，令人触目惊心。有关地方和部门要高度重视，立即调查事实真相，一查到底，严肃问责，依法从严处理。要及时公布调查进展，切实回应群众关切。习近平强调，确保药品安全是各级党委和政府义不容辞之责，要始终把人民群众的身体健康放在首位，以猛药去疴、刮骨疗毒的决心，完善我国疫苗管理体制，坚决守住安全底线，全力保障群众切身利益和社会安全稳定大局。7月24日，长春长生高俊芳等15名涉案人员被刑事拘留。

如今是网络信息时代，到处充斥着议论、抨击、不满，而大家爆发的焦虑、迷茫、怀疑、怨气，甚至愤怒情绪都来源于对公共产品的需求得不到满足，如疫苗的造假、食品的污染、教育的低效、医疗的昂贵、住房的高价、财富的不均、股票的跌停、资产的贬值等都与我们息息相关。看似遥远的公共产品经济学理论，其实无时无刻不在伴随着我们。这几天发生的假疫苗事件，其实是民众的灵魂通过各种媒体在愤怒地呐喊，映射出我国公共产品供给制度的困境。

高俊芳因疫苗造假成为全民的公敌，可是抓一个高俊芳简单，要构筑"预防千万个同类高俊芳"的合理公共医疗体制却很难。到目前为止，世界各国其实都未建立有效的医疗保障制度，而我国经常以所谓成功拥有医疗保障制度的国家或地区作为学习样板，但那些制度在我国不具有可行性，因为我国存在规模化人口、多层次需求，而这些让所有的公共产品供给制度设计到达临界点，"往前一步是黄昏，退后一步也未必就是人生。"

改革开放 40 年来，我国成功塑造了很多物质偶像、程序化楷模，以及社会特有评价体系的成功者，而这些是彰显于外，而非实质于内的。物质的增加并没有使民众获得足够的幸福感，大家逐渐由对个人、家庭的依赖转向对公共产品的依赖，但目前尚未建立科学、完善的公共产品和公共服务供给体系，这导致我们对公共生活感到不安。

公民公共意识和民族灵魂的塑造并不是简单地依赖于教育和宣传，而是来源于公共生活体验对其思维意识、言行举止的渗透和同化。公民在基础生存、安全、教育、医疗、信息、能力发展、资产增值等公共产品和公共服务体系中的安全感、秩序感、从容感和温暖感，会不断地形成且强化公民个人责任意识和公共责任意识，这种国家和公民之间相互的作用力量，也是国家的原力。期望通过本书中公共产品经济学的理论研究，祝愿祖国历尽千帆，有序更温暖。

参考文献

1. 习近平．习近平谈治国理政（第一卷）［M］．北京：外文出版社,2018.

2. 习近平．习近平谈治国理政（第二卷）［M］．北京：外文出版社,2017.

3. 人民日报社评论部．现代中国多维观察——人民日报评论部文章选粹［M］．北京：人民出版社,2016.

4. 周其仁．改革的逻辑（修订版）［M］．北京：中信出版社,2017.

5. 姜海山,蒋俊杰,于洪生．中国政府架构与基本公共服务［M］．北京：人民出版社,2017.

6. 王松江,尹明燕．经营性公共基础设施集成融资管理［M］．北京：科学出版社,2012.

7. 肖林．国家试验——中国（上海）自由贸易试验区制度设计（增订版）［M］．上海：格致出版社,2015.

8. 安第斯发展集团．未来之路：拉丁美洲基础设施管理——经济和发展报告[M].北京:当代世界出版社,2011.

9. 保罗·萨缪尔森,威廉·诺德豪斯.经济学[M].北京:人民
邮电出版社,2013.

10. 哈尔·R.范里安.微观经济学:现代观点[M].上海:格致出
版社,2015.

11. N.格里高利·曼昆.经济学原理(第7版):宏观经济学分册
[M].北京:北京大学出版社,2015.

12. 杰里米·里夫金.同理心文明[M].北京:中信出版社,2015.

13. 约翰·范本特姆.逻辑、认识论和方法论[M].北京:科学出
版社,2017.

14. 保罗·威尔莫特.数量金融(原书第2版)(第1卷)[M].北
京:机械工业出版社,2015.

15. 乔纳森·格鲁伯.财政学(原书第4版)[M].北京:机械工
业出版社,2015.

16. 约翰·康芒斯.制度经济学(上、下)[M].北京:华夏出版
社,2017.

17. 国务院.关于创新重点领域投融资机制鼓励社会投资的指导
意见[Z].2014-11-26.

18. 中国证券投资基金业协会.资产证券化业务基础资产负面清
单指引[Z].2014-12-24.

19. 中共中央办公厅,国务院办公厅.关于创新政府配置资源方
式的指导意见[Z].2017-01-11.

20. 国务院批转发改委．关于 2017 年深化经济体制改革重点工作意见[Z].2017 – 04 – 13.

21. 中国人民银行．应收账款质押登记办法[Z].2017 – 11 – 07.

22. 上海证券交易所．上海证券交易所基础设施类资产支持证券信息披露指南[Z].2018 – 06 – 08.

23. 深圳证券交易所．深圳证券交易所基础设施类资产支持证券信息披露指南[Z].2018 – 06 – 08.

24. 上海证券交易所．上海证券交易所基础设施类资产支持证券挂牌条件确认指南[Z].2018 – 06 – 08.

25. 深圳证券交易所．深圳证券交易所基础设施类资产支持证券挂牌条件确认指南[Z].2018 – 06 – 08.

26. 国家发展改革委,人民银行,财政部,银保监会,国资委.2018年降低企业杠杆率工作要点[Z].2018 – 08 – 03.